身体がますますわからなくなる

からだの錯覚の研究者
小鷹研理

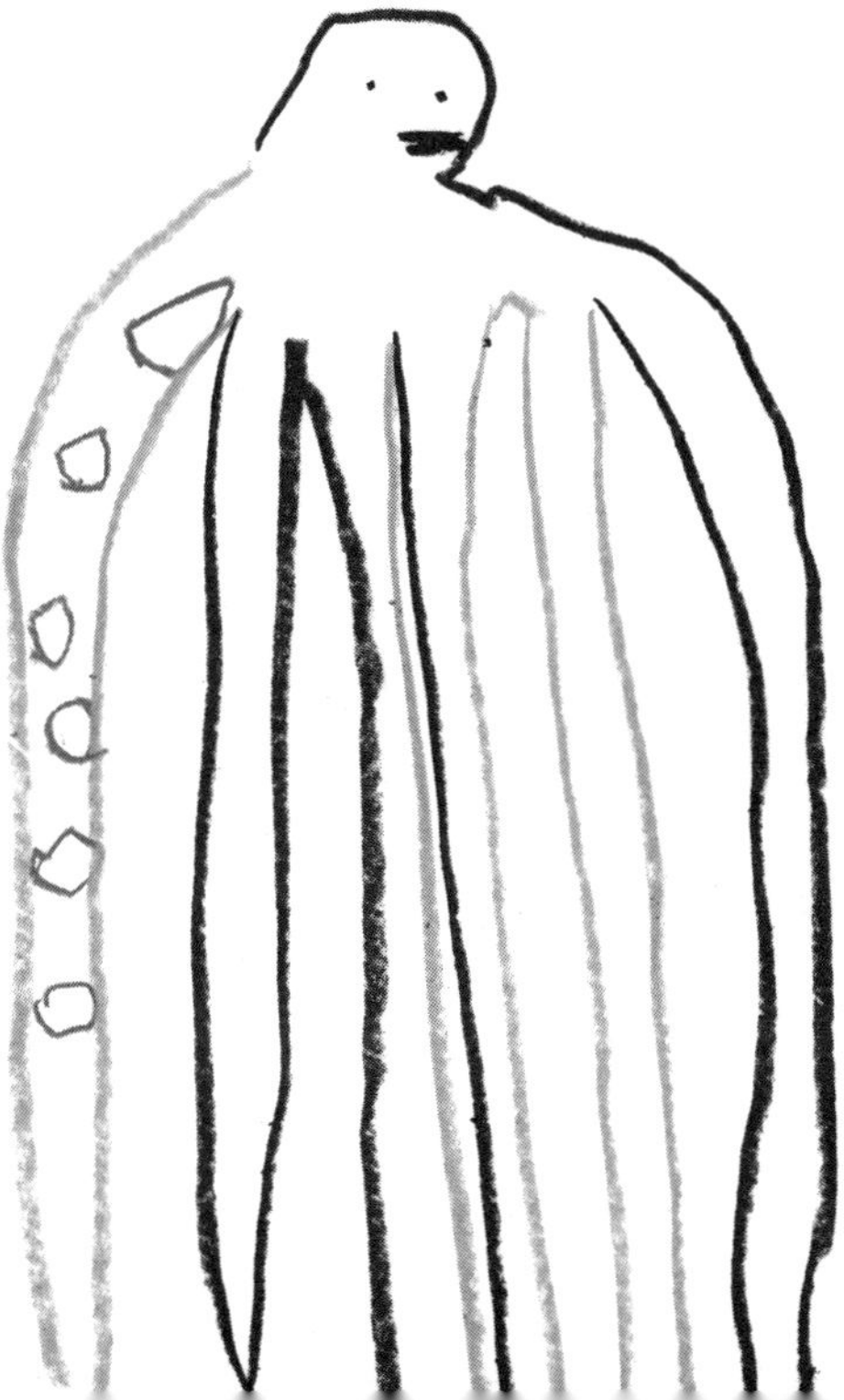

大和書房

身体がますますわからなくなる　目次

第1章

どうしても思い出せない左手のこと

第2章

誕生日が1日ズレた自分を想像する

第3章 20秒間でシャッターを1回だけ押す

第4章

半地下のラバーファミリー錯覚

終章

自分の中に潜んでいる、自分ならざる者たちへ――。

第1章

どうしても思い出せない左手のこと

どうしても思い出せない左手のこと

いつからだろうか、ワールドカップやオリンピックといったスポーツの国民的祭典に対する熱狂を喪失したのは。２０２２年のワールドカップは、日本時間で深夜に開催されていた、ドイツ戦とスペイン戦の前半戦のみをスマホの画面で流し見していた。当時、研究室のイベントの真っ只中にあり、翌日の準備で手一杯だったのだ。

いずれの試合も、前半が終わった時点で、日本は1点のビハインドを背負っていた。まずまず順当と言えるであろう途中経過を横目に、数ミリの胸騒ぎを覚えることもなく、蓄積する疲労に飲み込まれるように眠りに落ちた。ところが、翌朝スマホの同じ画面で最終結果を確認したところ、1点のビハインドを背負っていたのは、ドイツであり、そしてスペインであった。日本は世界有数の強豪を相手に、後半の間に2点を奪い返し、後世に語り継がれるであろう歴史的な逆転勝利をやってのけていたのだ。

少しばかり複雑な気持ちになったのは事実だが、睡魔に負けたことを後悔するということもない。40を超えた僕という人間の器には、そうしたことで一定の後悔の情念を発動させるだけの日本という国民国家に対する帰属意識が、すでにして圧倒的に枯渇してしまっていた。そのことだけは確かだ。

――

「身体がますますわからなくなる」と題された本書の冒頭で、いったい何の話が始まるのかと不安に思われている読者もいるかもしれないが、僕はただ、この10年ほどで、プロリーグのサッカーについて感じているある変化について語りたかっただけなのだ。国民国家の話は一旦忘れてもらってよい（それどころか二度とその話題は戻ってこない）。

この10年、というのはＶＡＲが導入されて以降のことだ。ＶＡＲとは、ビデオ・アシスタント・レフェリーの略で、例えばヨーロッパのリーグでは２０１７年のＶＡＲ導入以降、フィールド内のプレイをあらゆる角度から記録しているビデオ映像が、部分的に審判の役割を担うようになっている。「部分」と言っているのは、今のところVARが召喚されるのは、オフサイドやペナルティーエリア付近のファールなど、得点に直結する重要な局面においてのみであるからだ。

VARに似たコンセプトは、サッカーのみならずさまざまなスポーツに導入されつつある。そして、僕の印象では、こうした映像データによるパターン認識の導入によって、スポーツの風景は徐々に組み換えられつつある。実際、「ある変化」というのは一つではない。本書の後半で、スポーツの根幹に関わる、より包括的なある決定的な変化について触れたいと思う。[*1—a]

両腕を奪われたディフェンダー

以下では、サッカーに固有の局面における、ある具体的な風景に注目する。サッカーにある程度親しんでいる人であればまちがいなくすぐに思い当たる情景であると信じているが、読者の中には、サッカーとラグビーの区別すらままならないような人がいることを僕は知っている。本書を、始まってほんの数ページのところで投げ出されないためにも、その固有の局面について、少し丁寧に説明してみようと思う。

相手チームの選手が、自軍のゴール付近（ペナルティーエリア）へと巧みなドリブルで侵入し、パスなのかシュートなのか、いずれにせよボールを、対峙するディフェンダーの後方へと強く蹴り出そうとする。これに対して、ディフェンダーは、自らの職務として、自陣の見えない網を破ろうとするボールの進行を、ルールの範囲内で、全身を動員して何とかして防ごうとする。サッカーに限らずスポーツ一般における、ごくごく基本的な攻防のひとコマである。

このとき、サッカーであるからには、手を使ってボールを制することは許されない。それでも、時折、意図しないかたちでボールがディフェンダーの指先や腕を掠《かす》め、そのことで無情にも、ほぼ無条件でゴールを明け渡すことになるＰＫ（ペナルティーキック）の判定が下されることがある。だから、ディフェンダーは自分の両手が、ボールに不意に触れてしまわないように細心の注意を払わなくてはならない。今も昔も、自分の手腕に対する監視は、ディフェンダーという職業の重要な業務の一部なのだ。
ところが、VAR以降、明らかにこの監視業務に対する負担が不当に過大となっているようにみえる。相対する敵の選手がボールを中央に蹴り出そうとする、その気配を察するや否や、ディフェンダーの両腕は、（実際にボールが蹴り出されるのにはるかに先んじて）速やかに背中に回され、それだけではまだ安心できないのか、背面に追いやられた左右の手指は、お互いが決して離れ離れにならぬよう固く結ばれる。まるで、暴れ馬が外に出ようとするのを頑丈な錠前で押さえ込もうとするかのように。

例えば、日本対ドイツ戦の同点弾のリプレーを見てみよう。得点を挙げたのは堂安だが、注目したいのは、その直前の場面である。ペナルティーエリアのわずかに外側、左サイドから中央に鋭く切れ込む三笘に対して、やや棒立ち気味で曖昧な対応を強いられる二人のディフェンダー。その二人の間隙《かんげき》を通して、ゴールから少しずつずれていくように斜め左へと猛然と走り込む南野へとグラウンダーのパスが送られる。一刻の猶予もなく、やや角度のあるところから振り向きざまに中央へと切り返そうとする南野に対して、背番号2のドイツのディフェンダーが、パスを通させまいと瞬時に身体を寄せに行く。両手はがっちりと背中で組まれている。まるで、ボールを奪う気などさらさらありません、と全身で表現しているかのように（図1-A上）。

日本対スペイン戦の同点弾の場面。やはりペナルティーエリアの境界線近くで複数の選手が交錯すると、デフレクションしたボールは、上空に向かって投げ出される。天から降ってきた贈り物に見えたであろう浮き玉をうまく捌《さば》いて完全にフリーとなった堂安は、得意の角度から、狙いすましたように左足でシュートの体勢に入る。そんな堂安の動きを察知して、直接コンタクトするにはやや離れた位置で、それでも何とか全身を盾にしてシュートを防ごうとする二人のディフェンダーは、しかし、示し合わせたように同じタイミングで、それまで緩慢にぶらさげていただけの両手を、しっかりと背中に回すのである。間髪入れずに放たれた堂安のよく制御された低い弾道のシュートは、腕を奪われた二人の囚人の間に生まれた確たる空域を通過し、ゴールネットの隅へと吸い込まれていく（図1-A下）。

いずれのシーンでも、背面で手錠をかけられ、平板化したディフェンダーの上半身は、下半身からの筋の通った要求に応えるのに四苦八苦している。しかし、彼らは本

図1-A ｜ 囚人と化したディフェンダー

● 日本対ドイツ戦

● 日本対スペイン戦

FIFAワールドカップ2022における得点シーンを切り抜いたもの。上図（ドイツ戦）は、堂安の同点弾を演出した南野による切り返しの場面。下図（スペイン戦）は、同じく堂安による同点弾の場面。ドイツ戦において、背番号２のDF（リュディガー）は、ボールが中央に切り返されてもなお、両腕を後ろに組み続けている（3コマ目）。この自主的な手錠はしばらく続き、堂安のシュートがネットに突き刺さったのを見届けてようやく解錠されることになる。

来、囚人でもなければ、罪人でもないはずではないか。ルールに記されているわけでもない手錠のペナルティーを、すすんで引き受けているのは、当のディフェンダーたち本人なのだ。

無論、彼らの振る舞いにも一定の道理を認めなくてはならない。少し考えればわかるように、彼らは、眼前に迫ってくる危険物に対する生物としての自然な防衛反応として、手腕が咄嗟にボールを払ってしまわぬように気を配っているわけだ。しかし、少なくともほんの5年程前のサッカーであれば、この種の異様な光景は全くといっていいほど目につかなかったはずだ。本来のパフォーマンスが甚大なる犠牲を被ることが明らかでありながら、それでも手錠をかけざるをえないほどに、ディフェンダーの両腕がモンスター化していったのは、ほんの最近のことである。

ボールをせき止めようとする下半身と、自らの手腕の動きを封じようとする上半身。相反する課題を抱え込む上半身と下半身のちぐはぐぶりは、抑圧を根源とする神経症的な精神病理の類を強く思い起こさせる。多くの場合、抑圧をつくりだすのは、恣意的な社会規範と、規範を内面化させようとする監視者としてのビッグブラザーの存在がある。それでは、昨今のディフェンダーを悩める病的な主体へと転じせしめているビッグブラザーとは何者か。それこそがＶＡＲである。社会規範を流通させるメディア環境が神経症者を大量に産んだように、あくまで冷徹にハンドの有無をパターン認識するＶＡＲの登場こそが、サッカーというスポーツを、病理的な空間へと急速に変質させている。

僕自身は、にわかなサッカーファンに過ぎない。サッカーの試合を見るといっても、だいたい1分から数分程度のハイライト映像を確認するのが関の山である。編集されたハイライトは大体がゴールシーンの応酬であるから、結果的に、両腕を奪われたディフェンダーたちがぞろぞろと動き回る例の病的な光景ばかりが、くりかえしくりかえし僕の映像記憶の中に刷り込まれていく。今となっては、サッカーと聞いて第一に連想されるのは、もはや数多の華麗なるゴールの妙ではなく、そのようなディフェンダーが集団的に発症するようになった、神経症的な振る舞いに他ならない。

なぜ彼らは、それほどまでに自らの腕を信用できなくなってしまったのだろうか。

髭にまとわりつくこの左手について

もしも自分の腕が、日常的に、自分の意図に反する動きをするようになったらどんな気持ちになるのだろうか。実際に、そのような症例は存在する。脳科学の分野では比較的よく知られている「エイリアンアーム・シンドローム」と呼ばれる症候群である。以前、BBCの記事で、この症例を抱えた女性の映像を見たことがある。その中で、ベッドで半身だけ身体を立てているその女性の左手は、繰り返し繰り返し自らの顔を叩こうとする。女性は泣き叫びながら、右手で何とかその蛮行を食い止めようとする。何とも見通すのが苦しい光景だ。

「エイリアン」という不穏な響きにふさわしく、この女性の症例は、僕たちの知っている日常からいかにもかけ離れた、奇天烈な病理であるようにみえる。しかし、彼女にみられるような「両手間の対立」は、必ずしもエイリアンアーム・シンドロームの患者の全てに体験されるわけではない。実際のところこの症候群は、(症候群という名にふさ

わしく）濃淡入り混じった複数の症状の複合体として定義されている。*1―b

日本語で読める文献では、外出すると右手が電信柱にどうしても触れようとするために、歩行を中断せざるを得ない、ある患者の例が紹介されている。その患者は、治療のために入院した病室でも、右手で箸を掴んだまま離さない（道具の強制使用・強迫的把握）ために、左手でそれを解かなくてはならなくなること（自己抑制）が報告されている。また、リハビリの一環として、右手の機能を判定する課題でも、許可が出ていない段階で右手がモノを掴もうとする事例（強迫的把握）が記録されている。

さて、ＢＢＣの例（両手間の対立）はともかくとして、ここで紹介した日本人の患者の事例を見て一気に他人事でなくなった、という読者もいるのではないだろうか。ここで注目したいのは、特に「強迫的把握」についてである。実際、知らぬ間に何かを摑んでいる、ということに気づくことはそれほど珍しいことではない。

例えば、たった今、僕はこの原稿をラップトップのキーボードで打ち込んでいる、その打撃と打撃の隙間で、頻繁に、机の上に転がっている引きちぎられた（おそらくは新品の靴下のペアをバインドしていた）プラスチックの留め具を摑んでは、宙に転がしている。断っておくが、この行為は僕が意図したものでは全くない。それどころか、この非日常的な内省の要請がなければ、この所作は全く意識されないまま、忘却という工程すら挟まずに、ただただ歴史の波に流されていたことだろう。

正直に告白すれば、たった今明らかになったばかりの自らの行動の不明について、少なくない動揺が生まれている。と同時に、少しばかりの実験精神が僕をくすぐっているのも事実だ。それでは試しに、この留め具を手の届かないところへと遠ざけて、もう少し自分の左手の様子を観察してみようではないか。

やはりこの左手は、何かに触れていないと不安になるらしい。タイピングに詰まったり、入力したばかりの文章を読み返すターンに入るたびに、まるで自動機械のように、肘を机についた左手は、おあつらえ向きの位置にある顎髭《あごひげ》をまるっと摑んだり、引っ張ったりを繰り返している。まるで、わずかな休憩時間を見計らって、一目散に喫煙所へと駆け込むヘビースモーカーのように。

不安になって、僕自身の最近の授業動画を眺めていると、僕の左手は、少なくとも数分に一度より多い頻度で（動画によっては、左手と右手の区別なく）髭を摑む動作が散見される。どうやら僕の左手は、デスクワークをしている時間の大半を、主人の顎髭と戯れ合うことに費やしているらしい。そういえば、この10年ほどの間、僕が顎髭をまるっと剃ったのは、せいぜい数回に過ぎない。あるいは、自分の左手が手持ち無沙汰となってしまうことに対する抵抗があったのだろうか。まるで通い妻である。

僕にとっての顎髭は、別の人にとっては鉛筆であり、（たった今聴取したところでは）僕の娘にとっては練り消しゴムだったりする。どうやら、この手とやらは放っておかれると何かに触れていないではおれないらしい。

ところで、鉛筆であれ練り消しゴムであれ、勉強机では便利な相棒となり得るが、いつでもどこでも持ち歩くというわけにはいかない。その点、顔の容れ物である頭部はいつだって、あなたの一番近くにある。足元や背中と違って、触るのに無理な体勢を強いられることもない。主人に全く気づかれないうちに事を成就させるうえで最高の立地条件を備えている土地、それこそが頭部であり顔なのだ。

闇に葬られたエイリアンの行動記録

この種の無意識的な自己身体への接触は、心理学の世界ではどのように扱われているのだろう。２００７年に発表されたアメリカとスイスの研究者による論文では、任意に割り当てられた相手と5分間の会話を行ったのちに、会話の中で「笑い」「凝視」「頷き」「ジェスチャー」「自己接触」がどの程度生じていたのか、その頻度を9段階で評価してもらう実験が報告されている。5分間の会話の段階では、この評価課題が後に控えていることを実験参加者は知らない。会話はビデオ録画されており、数人の訓練された記録者が、それぞれの項目の頻度を同様に評価している。これが正解データとして扱われる。

終わったばかりの会話を回想する中で、参加者Aが「笑い」の頻度について9段階中8と評価し、参加者Bが9段階中2と評価したとする。もし、彼らがある程度正確に、自らの笑いの総量をモニタリングできていたとするならば、ビデオ録画に基づく客観評価でも、（数字が一致するかはともかく）似たような傾向、例えば少なくともAはBよりも高くなっている可能性が高い。逆に、客観評価でAよりもBに高い評点が与えられていたならば、彼らが、笑いの総量を正確にモニタリングできていたということは難しい。要するに、参加者間の主観評価の濃淡と、記録映像による客観評価の濃淡が同調する傾向を示しているかを調べることで、個々の身体表現のモニタリング能力を査定することができる。こうした二つのデータ群における濃淡の度合いは、統計的には「相関」と呼ばれる指標として、容易に計算することが可能だ。

実験結果について確認しよう。１８０人もの参加者のデータを解析したところ、ある一つの項目以外は、統計的に意味のある水準で、正の相関を示している（濃淡が揃う傾向にある）。相関の強さは、「凝視」「笑い」「ジェスチャー」「頷き」の順に並ぶ。要するに、これら代表的な非言語表現は、当事者にとって、ある程度正確にモニタリングされ、事後的に意識空間の中で再生することが可能なのだ。唯一、でたらめ認定されたのが、かの「自己接触」であった。実際、この実験で得られた相関値の0・12は、１８０人の参加者がまったく適当に1から9の数字を割り当てたとしても、たまたま出力されてしまうような、極めて貧弱な同調である。

僕たち自身の手腕による「自己接触」という名のオペレーションは、しかし、僕たちの認識できる時間の裏面で、粛々と進行されているものらしい。何者による仕業なのかといって、僕やあなたではないことは確かである。そうであるならば、ここでも、例の症候群の慣例に従うほかないだろう。僕たちの何気ない日常は、すでにして例のエイリアンアームの跋扈《ばっこ》する空間だったのだ。

実験結果が意味するところを噛み砕いて説明する。主人に隠れて、エイリアンによって量産されているらしい、例の顔いじりの記録は、動作が結ばれるのと同時に、速やかに破棄される。僕たちは、この目の前にある両手がどのように自分の顔をまさぐっていたかについて、たった数分前ですら遡ることを拒まれているのだ。まるで、砂浜に指で描いた模様が、波によって一瞬にして消されてしまうかのように。一切の手がかりを残すことなく。

ところで、この実験で闇に葬られたエイリアンの行動記録を掘り起こし、結果的に主人の無知を鮮烈に暴いてみせたのは、例のカメラ映像である。このような証拠映像を日常的につきつけられたとき、主人が、自らの手腕に対する主体感を喪失していくであろうことは想像に難くない。VARも同様に、日々の判定を通じて、一流アスリートの無知を告発し続けている。自らの不明をその都度つきつけられる選手は自信を失い、やがてすすんで手錠を受け入れるようになるだろう。現代において、サッカーのディフェンダーこそが、自らの手腕に対する「無知の知」を最も強く授かっている職業なのだ。

右の頬を打たれたら左の頬を差し出さずにはいられない

これまで見てきたように、無作為な自己接触のほとんどは、顔面に向けられる。比較的最近の海外の論文では、こうした顔への自己接触を指すものとして、「spontaneous Facial Self-Touch」（ｓＦＳＴ）という表記が使われているようだ。ｓＦＳＴの対象は、あくまでも無作為（spontaneous）な接触であり、痒くて頭を掻く、ジェスチャーとして額をトントンと叩く、といった明示的な目的を伴うものははじかれる。また、実験によっては、無作為な自己接触の対象として、顔面に加えて肩を含むものもある。本書では、こうした顔面周辺に集中する無作為な自己接触のことを、単に「顔触《かおいじり》」と表記していく。

顔触で最も好まれる部位はどこか？　以下では、２０２０年に報告された中国人の研究グループによる実験を参照する。この実験では、5日間にわたって、29人もの大学院生が大学の特定の居室で作業を行っている様子が、天井に設けられた複数台のビデオカメラによって撮影されている。この膨大な時間に及ぶ映像データの中から、個々の学生によって量産される顔触の接触部位および接触時間の一つ一つが、実験者によって目視で集計され、分析の材料とされた。想像するだけで息が詰まる作業だ。[*1-c]

さて、実験結果である。論文の中で見事にビジュアライズされた顔触の頻度マップ(図1-B)を見ると、鼻、口元、顎、および頭部にまたがるかたちで、とにもかくにも顔面の正中線付近に接触履歴が集中していることがわかる。要するに、顔触において頻繁に触られる場所は、その構造的な差異によらず、顔の真ん中に集まる傾向にある、ということだ。なぜだろう。以下で二つの解釈を挙げてみたい。

神経科学的に言えば、(顔に限らず)身体の中央付近の神経応答は、左右の半球にまたがって届けられる。仮に、無作為な顔触の目的が、脳領野全体に対して何らかの働きかけを行うことにあるとすると(後で考察するように、おそらくはその通りだ)、身体

図1-B ｜ 顔いじりマップ

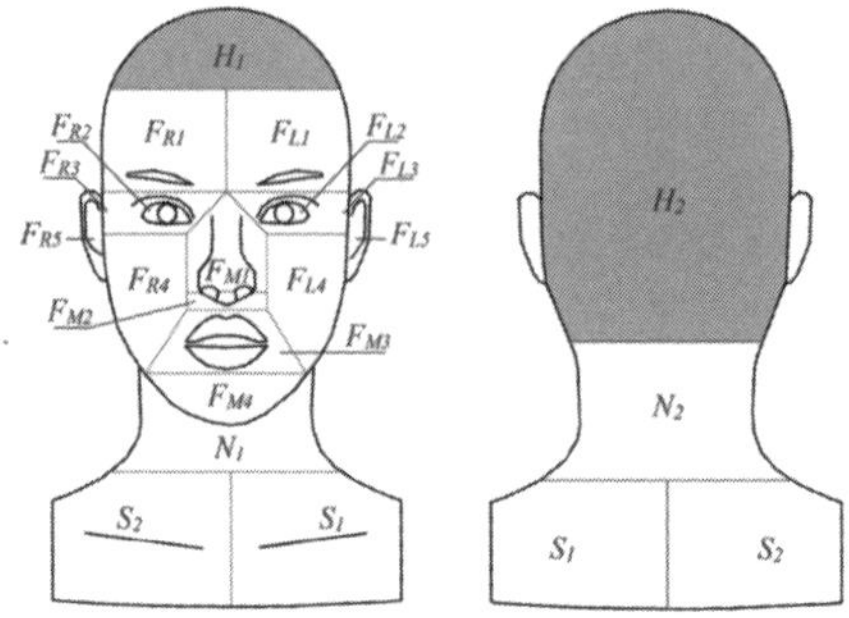

●接触頻度のマップ

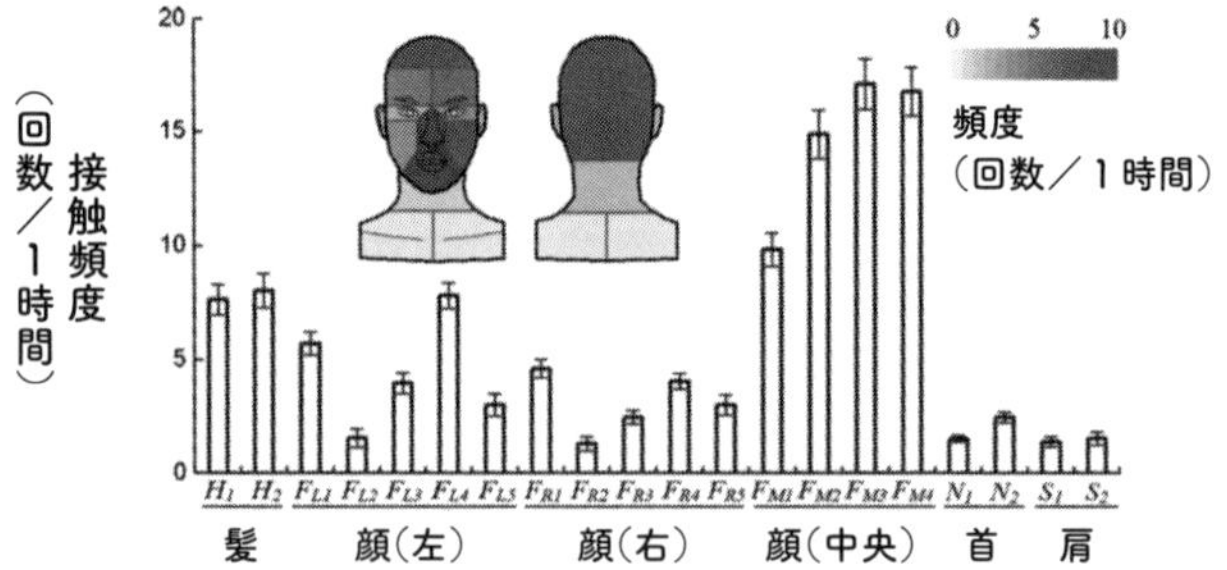

●接触時間のマップ

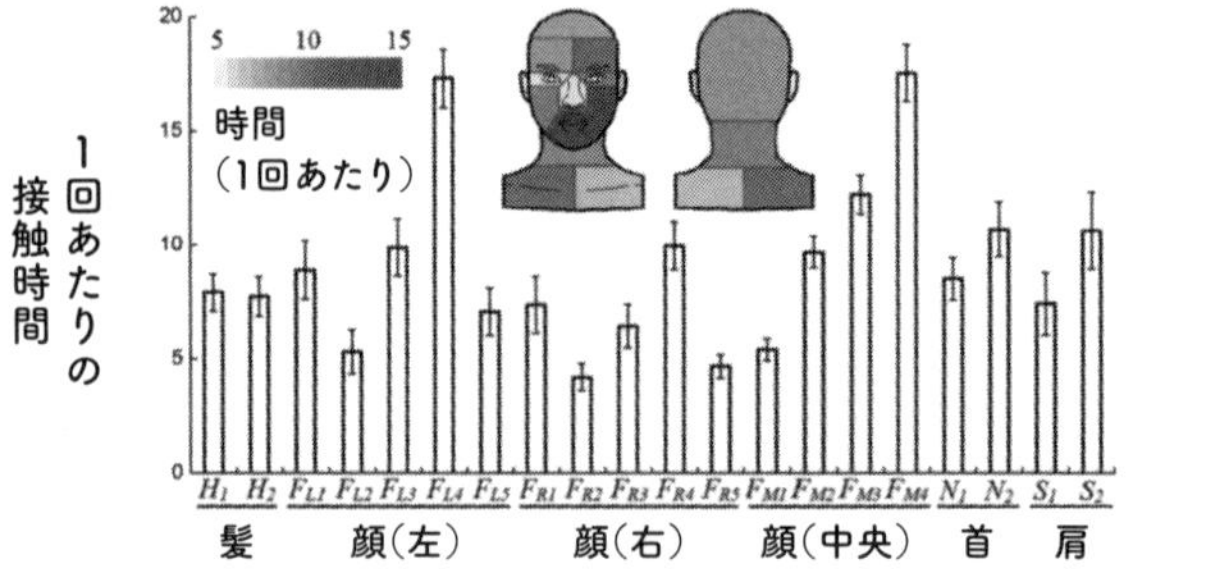

の正中線領域は、単一の接触で、より広範な脳領野に信号を送り届けることができるという意味で、理に適っている。これが一つ目の解釈だ。

二つ目の解釈は、左右のバランスの観点に立脚するものである。少しややこしい話であることをことわったうえで、僕の個人的な話を補助線としてみたい。僕はかつて「左右均衡強迫」とでも呼べるような、内側からやってくる強烈なバ、ラ、ン、ス、の要求に難儀していた時期があった。

例えば、何らかのきっかけで右目を強く掻き過ぎてしまったとする。すると手指が離れた後も、右目に接触の余韻が残り続け、どうにも右側だけが過度な重しを背負ってしまっているようなアンバランス感が拭えない。そうすると、この右に溜まってしまった電荷を開放してやるために、左目を同じように掻いてやらないと気が済まなくなるのだ。このとき、左目を想定より強く掻き過ぎてしまったりすると、今度は逆の方向にメーターが振れてしまうので、みたび右目を掻いて調整しなければならない。あまりに馬鹿げていると思うが、強迫と名のつくもので馬鹿げていないものを探す方が難しい。

このエピソードに共感してもらえる読者は、もしかしたらあまり多くないかもしれない。それでは、次の状況であればどうだろう。凝り固まった全身の身体をほぐしてもらうためにあなたが整体院に行ったとする。施術台に左半身を横たえ、まずは最初の10分ほどのあいだ、右半身の足先から肩口までを順々に丁寧にほぐしてもらう。いよいよ、左半身の番だと身体の左右を入れ替えたところで、無情にも職場から緊急の招集を伝える携帯が鳴る。あなたは、放置された左半身から一斉に発せられるブーイングに耐えながら、整体院を後にするだろう。

「左右均衡強迫」という言葉は僕の造語に過ぎないわけだが、それでも、ここでは僕の直感を信じてみようと思う。左右均衡強迫は、全ての人が多かれ少なかれ抱えている強迫的傾向であると。そうすると、ただの一度の接触で左右の刺激を済ませてしまえる正中線沿いの接触の優位性は明らかである。顔触のエイリアンが正中線沿いを好むのも、深刻な左右均衡強迫を抱える主人の気を逸らさないための一つの有効な方策であるとは考えられないだろうか。エイリアンは、なかなかの策士なのである。

イエス・キリストは「右の頬を打たれたら左の頬を差し出せ」と言った。それでも、打たれたのが右の頬ではなく顔の真正面であったならば、次に差し出す場所は本当にあっただろうか。ニーチェが看破したように、多くの宗教的教義には価値転倒の疑惑がつきものである。僕に言わせれば、この有名な教義もまた「右の頬を打たれたら左の頬を差し出さずにはいられない」と言い換えて読み解かれるべきだ。

そこに見出されるのは、倫理的な価値からは最も遠いところにある、神経科学的に中立な物理法則である。おそらくキリストは、宗教家であると同時に、優秀な神経科学者でもあったのだ。

外向的な右手と内向的な左手

さて、正中線問題に長くつき合わされた結果、ついにはキリストの話題まで持ち出す羽目となってしまったわけだが、いよいよ先に進むことにしよう。もともとは、中国人の研究グループによる実験結果を確認していたのだだった。次に取り上げるのは、顔触の時間ベースによる集計である。図1-B下は、1回あたりの顔触時間平均を部位ごとに集計している。簡単に言えば、顔触において長居されている場所はどこかを調べようとするものだ。

頻度マップと同様に、正中線付近に一定の集中が認められる。これは特に説明の必要はないだろう。ここで特に注目したいのは、正中線以外のエリアである。実は、左頰と右肩が、時間基準のランキングにおいて初めて上位に顔を出す。要するに、左頰と右肩は、顔触においてエイリアンが好んで長居する場所なのだ。

長居される場所が、左頰と右肩であり、右頰と左肩でないことには重要な意味がある。この非対称性の問題を解くためには、エイリアンがどちらの手を使って顔触に勤しんでいるかに注目すればよい。実は、この実験において、非利き手による顔触の総時間は、利き手による時間の、およそ2・4倍にも及ぶという。要するに、参加者のほとんどは右利きのため、左手にとってくみしやすい左の頰と右肩が主要な接触エリアとして浮上したのだ。

面白いことに、（同時に計測されている）机や持ち物への外的接触の頻度や時間では、利き手が非利き手を圧倒している。そういえば、僕自身の授業映像を見ても、左手が顎髭と戯れ合っているあいだ、右手はトラックパッドを通じてスクロールなどの画面操作を行っていることが多い。要するに、主人の意識が利き手による意識的な制御に向かっているあいだに、手持ち無沙汰となった非利き手が、自分の身体をいじり倒している、というわけである。ここでは、外向的な利き手と内向的な非利き手のコントラストがくっきりと表れている。

顔触を奪われることで奪われるもの

最後に検討したいのは顔触の効用である。実際のところ、顔を触ることにはどのような意味があるのだろうか？　この種の問題を実証的に検討するには、とにもかくにもエイリアンの活動を一旦、鎮めてしまえばよい。最近発表されたライプツィヒ大学の研究者による実験では、触覚記憶の維持に、顔触がひと役買っていることが示されている。

実験はこんな具合である。実験参加者は、視界から隠されたレリーフ版の凹凸に触れ、その形状を好きなだけ時間をかけて覚える。その後、レリーフは手元から引き離され、14分間にもわたって、妨害音によるいやがらせを浴びせられながら、先ほど覚えた形状を頭の中で記憶し続けなければならない。このステージが終わると、ようやく記憶している形状を描画する記憶再生課題が行われる。ここで、記憶のパフォーマンスが点数化されるのだ。

この14分間の妨害音の間、参加者によっては顔触が頻繁に観測される。この顔触が多発するグループに対して、別の条件では両手の指を緩く紐で結ぶことで顔触の手段を奪いつつ、同様の課題を行う。そうすると、顔触の許容された条件よりも、記憶再生の成績が落ちることがわかった。他方で、そもそも顔触の生じない被験者グループでは、両手を紐で結ぶか否かによる記憶成績の変化はなかった。この実験は、顔触が認知的な水準で実際的な効用を有していることを示唆する、数少ない報告の一つである。

この実験結果を踏まえると、顔触には、脳内活動によって生まれるマクロな波が乱れようとしているとき、その混乱を安定化させる効用があるのかもしれない。緊張でリズムがとれなくなってしまった演奏者に対して、小刻みに手拍子や目配せを送り続けるときのように、エイリアンは、あの手この手で何とか主人の冷静さを取り戻そうとしているのだ。

この意味で、スキャンダラスな記者会見の最中に頻発する顔触やペンいじりが、話者の不安の顕れであるという印象は、おそらく間違っていない。両手に宿るエイリアンによるミクロな縫合によって、脳内の音楽がバラバラになるすんでのところで、その都度持ち直されているのだ。だから、もしも僕が、難航することの予想される記者会見に臨む人からアドバイスを求められることがあれば、次のように答えるだろう。「エイリアンにフリーハンドを与えることを決して怠るな」と。

――

本章を書きすすめるにあたって、顔触（sFST）を扱う近年の論文をかき集めていた。コロナの影響であろうが、そのほとんどで、ウイルス感染の温床となり得る顔触をいかにして抑制させることができるか、そのような論調が共有されていた。何といっても、最新のレビュー論文のタイトルが「Stop Touching Your Face!」である。彼らは、公衆衛生という名のもとに、とうとう人々が顔をいじる所作にまで口を出してきたのだ。

いずれにせよ、公衆衛生云々というのは建前に過ぎない。本当のところ、彼らの主張の背後からは、エイリアンに対する不快感がはっきりと読み取れる。素顔を晒すことに抵抗を感じていた人たちがすすんでマスク社会を常態化させたように、自らの内に宿るエイリアンの存在に我慢ならない人たちによって、自分の顔に触れることすら不潔と感じられてしまうような超潔癖社会が待望されているのだ。

そのような未来で、人々はどうやって、例のエイリアンを鎮めるのだろうか。本章を読み終えようとする読者であれば、おそらく思い当たる節があるだろう。そう、現代サッカーにおいて、後ろ手を組むディフェンダーこそが、そんな潔癖社会における人々の対処方法を高らかに予言していたはずだ。

全員がすすんで手錠をかけられる世界が、もうすぐそこまで来ている。

*1-a　全てを書き終えた著者から忠告しておくが、残念ながら今後、この約束が果たされることはない。当初、本書後半で僕が語ろうとしていた「より包括的なある決定的な変化」とは、スポーツの時間体験から「今」が奪われつつあることだった。どういうことか。この事態を象徴する場面としては、やはりサッカーのゴールシーンを挙げるべきだろう。今では、サッカーのゴールの瞬間で無邪気に喜びを爆発させる者などどこにもいなくなった。歓喜の瞬間は、たちどころに映像編集メディアの俎上に載せられ、ゴールの正当性を検証するための血も涙も無い機械的手続きの中に否応なく流し込まれるからだ。その間、オーディエンスのうち半分は、先ほど立ち会ったばかりの熱狂が、「壮大なる夢オチ」となる世界線に怯え続ける。こうして、試合を決するゴールシーンのようなとりわけ濃度の高い現実の場面ほど、かえって「ゴール取り消し」による虚構化の危機に晒されるのだ。

そう、僕たちはいつからか、世界の衆目の集まるゲームであればあるほど、数多の「ゴールの夢」を経験するようになった。このストレスに対応するための処方箋は一つ、「この現実」から心理的に適度な距離を保ち続けることだ。目の前のフィールドで繰り広げられている攻防を、テレビゲームの画面の中の出来事を眺めるような感受性で受け止めるのだ。普通、このような日常を生きる者は「離人症」という診断を受け、治療の対象となる。僕から言わせれば、現代のサッカーに関わるすべての人間は、すでにして集団的に、重篤な離人症に罹患しつつある。

*1-b　具体的には、「両手間の対立」以外の代表的な症状として、「他人の手徴候」「強迫的把握」「道具の強制使用」「自己抑制」「擬人化」「浮動症状」が報告されている。

*1-c　顔触《かおぶれ》をサンプリングする研究は（このほかにも）複数あり、実のところ、個々の結果は重要なところで幾分のばらつきがある。それでも、実験の規模と一般性からいって、彼ら（中国人の研究グループ）の実験結果は十分な信頼性を認めるべきものであり、今後の関連研究における一つのベースラインとなるはずだ。

［参考文献］

原 貴敏、垣田 清人、児玉 万実、土井 孝明、安保 雅博、脳卒中後 Alien hand syndrome に対する低頻度反復性磁気刺激療法と集中的作業療法、The Japanese Journal of Rehabilitation Medicine, 2014, 51巻, 3号, p. 228-233

Hall, J. A., Murphy, N. A., & Mast, M. S. (2007). Nonverbal Self-Accuracy in Interpersonal Interaction. Http://Dx.Doi.Org/10.1177/0146167207307492, 33 (12), 1675-1685.

https://doi.org/10.1177/0146167207307492

Zhang, N., Jia, W., Wang, P., King, M. F., Chan, P. T., & Li, Y. (2020). Most self-touches are with the nondominant hand. Scientific Reports, 10 (1). https://doi.org/10.1038/S41598-020-67521-5

Spille, J. L., Grunwald, M., Martin, S., & Mueller, S. M. (2022). The suppression of spontaneous face touch and resulting consequences on memory performance of high and low self-touching individuals. Scientific Reports, 12 (1). https://doi.org/10.1038/s41598-022-12044-4

Spille, J. L., Grunwald, M., Martin, S., & Mueller, S. M. (2021). Stop touching your face! A systematic review of triggers, characteristics, regulatory functions and neuro-physiology of facial self touch. Neuroscience and Biobehavioral Reviews, 128, 102-116. https://doi.org/10.1016/J.NEUBIOREV.2021.05.030

図1-B・顔いじりマップ：Zhang, N., Jia, W., Wang, P., King, M. F., Chan, P. T., &Li, Y. (2020). Most self-touches are with the nondominant hand. Scientific Reports, 10 (1).

第2章

誕生日が1日ズレた自分を想像する

誕生日が1日ズレた自分を想像する

小学校のときの記憶はほとんどないが、あの日の帰り道で僕に訪れたことについては、はっきりと覚えている。小学校2年生のことである。

帰りの会で、当時の担任であった丸山先生から、「帰り道で車に石を投げる生徒がいる」という話がされた。ひどいやつがいるものだと感じながらも、特別に気に留めることもなく、先生の言葉は僕の頭の中をそそくさと通り過ぎていった。

その会が終わってすぐの帰路、学校から水戸駅までの短い道のりの途上にある小さな駐車スペースに、1台の車が止まっていた。たしか一緒に歩いていたのは5人ぐらいだったか、彼らはそこで歩を緩めて、その車に注意を向けながら、石を投げた犯人は誰なのだろうか、そんな話をしていたはずだ。僕はといえば、ぼんやりと先生の言葉を頭の中で反芻しながら、何となく、手頃な大きさの石を手に取って、その感触を味わっていた。

それが訪れたのは、次の瞬間である。僕の左手は、あろうことかその車に向かって、その石を投げつけていたのである。

たちまち学友たちは大騒ぎである。数人がメモ帳を取り出し、意気揚々と何かを記録していた。おそらく「こだかくんが車に石を投げた」とでも書いていたのだろう。次の日の朝の会で教卓に呼び出された僕は、先生の執拗な「何でそんなことしたの？」にうまく答えられずに、わんわんと泣き続けていた。

——

もちろん、そのとき僕が石を投げたのは、反射でもなければ、——左手という共通点はあれど——顔をまさぐる例のエイリアンによるものでもない。「こだかくんが車に石を投げた」ことは、当人を含めて誰の目にも明らかであり、その責任を「こだかくん」

が全面的に負うべき点について、その場に居合わせた人たちの全員が躊躇なく同意しただろう。

他方で、先生が執拗に理由を尋ねたように、動機は全く不明である。おそらくは、僕が「いかにも車に石を投げそうな子供」ではなかったことが、事態を幾分ややこしくしたはずだ。実際、先生は、僕のことを（それより前の件については）犯人認定しなかったし、――少なくとも僕が記憶している限り――事実として、僕は、帰りの会で先生から車の話を聞いたその直後に、初めて車に石を投げつけたのだった。頼りない腕の振りであったにせよ。

こんな実験がある。実験参加者はあらかじめ二つのグループに分けられる。いずれのグループも、バラバラに並べられた5個程度の英単語を、意味のある文章となるように適切に並べ替える課題を行う。英語のセンター試験でよく目にするような、なじみの問題である。

この並べ替え実験を終えた参加者は次の実験に備えて、別の部屋で待機するように伝えられる。その部屋では、新しい実験の案内をしてくれるであろう実験スタッフが、しかし、知り合いと思しき人と何やら話し込んでいる。あなたがこの実験の被験者だと想像してみよう。ひとまず事態を飲み込むのに、1分、2分程度であれば様子をみてみるだろうか。しかし5分、10分と話が止まなかったら？　辛抱強くないあなたであれば間違いなく話を遮って、その無為な時間に終止符を打とうとするだろう。

実際、4割ほどの参加者が10分以内に、実験スタッフの話を遮った。重要なのは、この割合が、事前の実験でどのような文章を並べ替えていたかによって大きく異なっていた点である。「They usually disturb her」のような、無礼な文章ばかりを組み立てていたグループでは、半分以上の6割が実験スタッフの話を遮った。その一方で「They usually encourage her」のような親切な文章ばかりを組み立てていたグループの中で話を遮ったのは、わずか2割であった。

このような効果は、行動プライミングと呼ばれる。言語が音声やテキストを通して、当人の無意識の中に入り込んで、当人に対して特定の行動をまるでウイルスのように促すのだ。この意味で、僕に車に石を投げ入れさせた源流に、丸山先生から発せられた言葉があったことは間違いない。

問題は、丸山先生の言葉がなぜ、僕に対しては――ほとんどの人に対してはそうであるように――行為の抑制ではなく、行為の助長として作用したかである。

個人的なことを言わせれば、僕はこのエピソードを、「自分がいかにあまのじゃくであるか」を象徴する原風景として捉えている。要するに、僕という人間の中には、「他人の期待に沿わない」ことそのものが、強烈な美徳として存在するのである。ある種の警告を受けた直後に、最も警戒の対象から外れている人間が、学友たちが見ている全く無防備な状況で、警告されている当の行為を滞りなく再生すること、それこそが重要だったのだ。

ことわっておくが、僕が「他人の期待に沿わない」ことを美徳とする、幾分とややこしい子供であったからといって、その後の学校生活においても、わかりやすい悪戯を量産して周囲の人間を困らせ続けた、ということはない。一度決定的な悪行をはたらいた後で二度目を行使するのは、「あぁ、やっぱりこの子はこういうことをする子なのだ」という、別の期待に沿うことになってしまう。そんな旨みを他人に与えてしまうことは決して許されない。

僕自身のこのあまのじゃく体質は、間違いなく、僕の現在の職業へと結実している。研究者として最も重んじられるべき資質は、誰も寄りつかないような辺鄙な場所に特別な価値（土地性）を見出すことができるか、この一点にかかっているからだ。

いずれにせよ、あの事件の一つの要因が、僕自身の「あまのじゃく気質」にあったとして、その種の考察は、僕個人の責任を問おうとする自己責任論の機運をますます高めるだろう。

それでも、僕にだって言い分がある。そもそも、僕は好きで「あまのじゃく」になったわけではない。いつの間にかそれは、僕という人間に勝手に付属していたものである。そうであれば、問われるべきは、いつ、どこで、だれが、僕にその「あまのじゃく気質」をインストールしたか、ではないか。

ほとんどの人は、そんなものは、遺伝と環境に決まってる、そう言うかもしれない。他方で、あまのじゃくを自認する者として、そのようなステレオタイプな言説を、そのまま素直に甘受することは到底許されない。これから見ていくように、僕はこの問題について、あるアンケート実験を武器にして、10年ほどの思索を積み重ねてきた。次節以降、その成果の一部を初めて公開する。

その前に、取り急ぎ、結論めいたことを述べておこう。
人の性格は、遺伝と環境と数字によってつくられる。

どういうことだろうか。

奇数が好きですか、偶数が好きですか

突然だが、あなたは奇数が好きだろうか、偶数が好きだろうか。それがどれほどふわふわした問いに感じられたとしても、とりあえずどちらか一つに決めて、その結果をどこか――メモ帳にでも頭の中にでも――しっかりと書き留めておいてほしい。話はそれからだ。

僕は、これと同じ質問を、現時点で３０００人弱に投げかけている。そのほとんどが僕の授業を受講している大学生だ。その結果については後ほど明らかにするとして、まずは、この質問がいかにして質問として成立しているのか、そのあたりの話から始めてみたい。

あなたはこの問いかけに対して、迷わずどちらかに決断することができただろうか。この質問を何人もの大学生に直接投げかけてきた僕の印象では、ほとんどの学生が、時間をかけずに奇数か偶数かを決定することができる。奇数と偶数の定義を理解したばかりであろう中学生や高校生であっても、あまり事情は変わらない。

そもそも、奇数なり偶数なりの属性は、いかにして好き嫌いの対象となり得るのか。奇数であれ、偶数であれ、「〇〇屋の豚骨ラーメン」とか「阿部寛」といった特定の事物ではないし、『もののけ姫』や『世界の終りとハードボイルド・ワンダーランド』といった、鑑賞に耐え得る芸術作品の類でもない。僕たちは、率直に言って、奇数や偶数の内容を、五感を通して感受することは叶わないはずだ。

このおよそシュールな質問に対して、それでもほとんどの学生が、質問そのものの有効性を問うこともなく、いずれかに対する好みを速やかに回答することができる。例えば、同じ数学であっても「足し算と引き算のどちらが好きか」や「2桁の数字と、3桁の数字のどちらが好きか」と問われるよりは圧倒的に、その質問は相手に伝わるはずだ。なぜだろう？　それは彼らが、この質問の裏側で問われていることを、どこかで察知しているからだ。

少し先を急ごう。「奇数が好き」と言うとき、そこで対象とされているのは、文字通り、奇数の数字の束そのものではなく、より広範に奇数的《きすうっぽい》な世界に射程は及んでいる。実際、ちょうど春が（本来の定義を超えて）「未熟」や「初々しさ」を象徴するように、奇数は「孤独」や「特異性・非対称性」を想起させる。また、春と対照をなす秋が「熟練」や「加齢」を象徴するように、偶数が想起させるものもまた、奇数の世界観とちょうど真反対に位置するもの、例えば「連帯・調和」や「同質性・対称性」といったものの周辺概念である。

無論、この連想の正当性を理解するには、対象となる数字を因数に分解してみればよい。偶数は、常に2ともう一つの整数の積で表すことができる。あるいは、そのもう一つの整数もまた、別の因数に分解できるかもしれない。とにもかくにも、偶数という宿には、少なくとも二つ以上の数字が手を取り合って、分かちがたく連帯を果たしているのだ。同じ理由で、偶数は全く同じ整数同士の和として表すこともできる。偶数という折り紙は、過不足なく左右対称に折り畳むことだってできるのだ。

この連想を奇数に適用すれば、自ずと「孤独」「非対称性」というキーワードが出てくるだろう。奇数の中で、最も奇数的な数字のカテゴリーは、無論、素数である。素数の出現確率は、数字が大きくなればなるほど少なくなっていく。たまたま目にした4桁の数字が素数であることがわかれば、少なからず特別な気持ちになることがあるかもしれない。これこそが、特異性の連想の由来である。

実際のところ、素数は、文学の中で、「特異な能力を持つ人物」や「周囲とわかり合えない孤独な人物」として描かれ続けている。例えば、以下は小川洋子『犬のしっぽを撫でながら』の中の一節である。

日常、何げなく目にした電信柱の番地や、
豚こま百グラム入りパックの値札が、
31番地や97円だったとする。
それらが素数だと気づいた途端、
31番地は気高い印を電信柱に刻み、
97円は孤高の味わいを豚こまに与える。

分解されることを拒み、
常に自分自身であり続け、
美しさと引き換えに孤独を背負った者。

それが素数だ。

奇数と偶数が、（ちょうど季節と同じように）いかに豊かな連想空間を形成し、擬人的な想像力を働きかけているのか、もうこれ以上の説明は不要だろう。要するに「奇数が好きですか、偶数が好きですか」という質問には、あなたが「調和よりも特異性を重んじる人間」なのか、「特異性よりも調和を重んじる人間」かの二者択一の問いが暗黙に含まれていることになる。

「あまのじゃく」を自認する人間がどちらを解答するかは明白であろう。そう僕は、少なくとも（この質問を発案した）10年前の時点では、生粋の奇数好きであった。無論、以上の論に瑕疵《かし》がなかったとして、僕が奇数好きであることは僕自身が「あまのじゃく気質」であることによる結果であると考えるのが自然であり、その限りにおいて、当初の問いである何が小鷹をあまのじゃくたらしめたのかに対して、何ら有効な材料を提供するものではない。

それでも、ここでは一旦、普通に考えることをやめて、あまのじゃく思考に徹してみよう。そう、「奇数好き」であることが「あまのじゃく気質」の結果ではなく、原因であったとしたならば？

ブーバとキキの運動学

奇数なり偶数なりの属性は、いかにして好き嫌いの対象となり得るのか。この問題に対してこれまで繰り広げてきた議論は、いささか印象論に走り過ぎていたかもしれない。以下では、奇数と偶数が、確かにそれぞれに異なる抽象的な概念と結びついていることを、心理学的な手続きを通して確認していこうと思う。

図2-Aの二つの図形を見て、次の質問に答えてほしい。これらの形は、ある遠く離れた知的生命体の住む星の中で使われている数学記号で、一方が奇数でもう一方が偶数を表す。どちらが奇数でどちらが偶数だろうか。僕は自分が受け持っている授業で、毎年この質問を学生に投げかける。すると、70から90パーセントの学生が、角ばった図形を奇数、なめらかな図形を偶数と答える。

この質問は僕自身の着想によるものだが、言語学の世界では非常に有名な元ネタがある。オリジナルの質問は「一方がブーバ、もう一方がキキと発音する。どちらがブーバで、どちらがキキ？」というものだ。この実験についてはさまざまな報告があるが、それらに共通する傾向として、文化や性別によらず、丸い図形をブーバ、角ばった図形をキキと答える割合が圧倒的に高くなる。これをブーバキキ効果という。

なぜ丸い図形がブーバ（Bouba）で、角ばった図形がキキ（Kiki）であり、その逆ではあり得ないのか。この問題を理解してもらうには、ブーバやキキを、普通の意味での単語とは思わずに、擬音語とか擬態語の類だと捉えてみればよい。

丸みを帯びた形状を擬似的に音声化す

図2-A ｜ どちらが奇数でどちらが偶数？

るならば、（例えば）まさにその丸の形状を描いている手の運動が生き生きと連想されるような音声がふさわしいだろう。試しに、鉛筆と紙の擦れる音をアンプリファイしてみよう。それらをあえて文字に起こすと、丸であれば「す――――さっ」、カクカクであれば「すっ、さっ、すっ、さっ」というような表現が適当だ。前者は「ブーバ」という音の響きに、後者は「キキ」というリズムによく馴染む。

無論、質問に答える人のほとんどは、このような意識的に説明できるようなプロセスを踏んでいるわけではない。それでも、僕たちはこうした感覚間の関連性の濃淡をどこかで了解している。その種のリアリティーは、僕たちの中にいて、僕たちの手の届かないところで冷徹に作動しているパターン認識によって、自動的に形作られているからだ。

ブーバキキ効果に類する実験で使われる言葉には、（ブーバ／キキ以外にも）いくつかのバリエーションがある。代表的なものとして、「モマ／キピ」や「マルマ／タケテ」が挙げられる。（おそらくあなたの印象の通り）ほぼ全ての人は「モマ・マルマ」が丸い図形、「キピ・タケテ」は角ばった図形を指示する言葉であると感じられる。

「モマ」や「マルマ」には伸ばし棒（長音）が入らないので先程の解釈がピタリと当てはまるわけではない。それでも「キピ・タケテ」のような音と比べると、どこか柔らかくてふわふわした印象を覚えるのではないだろうか。「n」や「m」は共鳴音と呼ばれ、音波の時系列グラフを見るとわかるように、空気の振動が滑らかに連続的に変化する。逆に「k」や「p」は阻害音と呼ばれ、それまでの流れから、突発的に新たな振動が始まる。

こうした特徴は、ただ単に音声を音波として聴取しているだけでも伝わるが、実際に口を動かして発音する場面では、唇や舌の運動の感覚や気流の触感からより一層に強く感じ取ることができるだろう。そして、これらの運動の感覚は、円や角ばった図形から受ける視覚的な印象と確かによく合致する。

発話に伴う運動感覚が、実際にブーバキキ効果の役に立っていることを示唆する実験がある。スプーンを舌に押し付けて口を閉ざした状態では一部のブーバキキ効果が減退する、というものだ。この減退の程度が特に（聴者よりも）難聴者において顕著だった、という知見はとりわけ重要だ。

要するに、ブーバキキ効果は、純粋に音声を聞き取ることによって駆動されるものと、発話によって駆動されるものと、少なくとも二つの経路から賦活され得るものであり、前者のチャンネルが閉ざされている難聴者にとっては、運動イメージを遮断されることの影響がより甚大になる、というわけだ。

こうした感覚間の連合の話を聞いて、一部の者が有しているといわれる「共感覚」の現象を想起した読者もいるだろう。例えば、あるタイプの共感覚者は、楽器が鳴らされるたびに、――まるでバーチャル・リアリティー（VR）の中の出来事のように――周波数や音色に準ずる特定の色を感知する。そう、こうした視覚効果は、昨今であればVR技術を用いることで比較的容易に実装することができる。VRであれば、HMD（VRゴーグル）を着脱することで、日常と非日常世界を自由に往復することが可能だろう。ところが共感覚者の場合は、そうした選択権はない。望むと望まざるにかかわらず、色は音に対して選択の余地なく強制的に当人の意識の中に紛れ込んでくるのだ。

無論、ブーバキキ的な連想は、共感覚と異なり、その多くが無意識の水準で作動している。実際、自分がそんな連想を働かせていることを指摘されて驚く人も多いだろう。

それでも、強制性という観点では、共感覚とそう大きくは変わらない。事実、「モマ／キピ」に対して、「○／▽」よりも「▽／○」の方がより自然であると感受しようとしても、なかなかうまくいきそうにない。「モマ」という発音の音声学的特徴が、「キピ」のそれよりも丸みを帯びているという、パターン認識による事実性は変えようがないのだから。

このような半ば強制的に作用する感覚間連合は、幼児が言語を習得していくうえで、重要な役割を果たしている。もはや想像することすら難しいのだが、生まれたばかりの幼児にとって、事物や現象に対して「名前がある」という前提そのものが、そもそも自明なことではない。目の前で母親が音声を発していて、それが何かを名指していることを受け入れるにはそれ相応の心的過程が要求されるのだ。ここで鍵となるのがオノマトペだ。

オノマトペは、この種の前提が整備されていない状態でも、まさにブーバキキ的な連想を介在させることで、語と対象とのつながりを無条件に直感させることができる――絵本の中でオノマトペ的な表現がいかに頻出するかを思い出してほしい――。ここで得られた「名」に対する気づきこそが、その後の発達過程における大量の数の言語学習のための強固な土台となるのだ。

そう、――誰であれ――生後間もない時期の言葉は、いわば語から対象が滲み出してくるようなあり方で、ブーバキキ的な回路を通じて感受されていたのだ。無論、この時期に培われた（主に）語の響きに対する感受性は、その後の発達過程で失われるわけではなく、さまざまな局面で活躍する。本章のメインテーマである、奇数と偶数に関する豊かな連想世界もまた、この原初的な感受性を抜きにして語ることはできない。

偶数と奇数を踏みつけてみたならば

以下では、対《つい》をなす二つの言葉（ブーバ／キキ、モマ／キピ、マルマ／タケテ、偶数／奇数……）から、丸い世界と角ばった世界との対立が連想される効果を、等しくブーバキキ効果と呼ぶものとする。ここでわざわざ丸い世界、角ばった世界という大味な表現を導入しているのは、丸と角ばりを単なる視覚表現（○／▽）としてでなく、それらを包含する、より概念的なものとして捉えようとしているためと理解してほしい。

ここにきて、ようやく奇数と偶数の議論を前に進める準備が整った。最初のアンケート実験の結果に戻ろう。丸みを帯びた形状が偶数で、角ばった形状が奇数と連想されるのはなぜだろうか。言い換えると、偶数／奇数の対がブーバキキ効果を有するのはなぜだろうか。

0から9の10個の数字の形状に注目すると、数字に閉じた丸の形状が含まれるのは、0、6、8、9の四つである。9という形状が、実際には丸と直線の組み合わせでできていることを踏まえると、純然たる曲線のみで構成された数字としては、0と6と8の三つの偶数が残る。逆に、直線のみで構成された数字は1と4と7だ。こちらは偶数よりも奇数がやや優勢だ。

0と6と8の丸み、1や7の角ばりが、それぞれに視覚的に際立って対立的な特徴を持っていることは言うまでもないが、これらの数字をノートに書きつけているときの筆の運びや摩擦音に注目することで、視覚的特徴は——ブーバ／キキ間の強力な対照性を失うことなく——運動感覚にも聴覚にも変換することができる。この点はすでに説明した通りだ。

他の感覚であればどうか？　数字を触覚に変換するには、少しだけ想像力をたくましくする必要がある。例えば、無数の数字が転がっている地面を裸足で踏んでみたらどんな感じがするだろうか。僕の連想世界の風景では、川の上流では1や4や7が、下流では0や6や8がたくさん転がっている。走り回る地面の数字を選べるならば、僕としては、ぜひ偶数を選びたい。

似たような連想のバリエーションは、連想する人の数だけあるかもしれない。いずれにせよ、ここで確認しておきたいのは、個々の数字の視覚的な形状、数字を書いているときの筆の運び、付随する摩擦音のリズム、さらには立体物としての数字に触れているときの触感……、こうしたものの総体が、奇数と偶数に対するブーバキキ効果の成立に寄与しているということだ。これこそが奇数／偶数がブーバキキ効果を発動してしまうことに関わる、一つ目の側面である。

次に考えたいのは、数字の概念的な側面だ。もし数字が現在流通しているアラビア数字と異なる姿形をしていたならばどうなるだろう。すでに述べたように、偶数が与える主要な印象として、2で割り切れるゆえの「収まりのよさ」が挙げられる。これは、丸みを帯びたモノにまつわる主要な印象の一つでもある。

ポケットに適量の丸石やゴムボールを入れれば、それらは過不足なくポケットの中の収まるべきところに自然に収まってくれるだろう。他方で、角ばった石であるとか、小さな三角定規をポケットに入れて持ち歩くのはあまりおすすめできない。

こうした感覚が、先に示した偶数が有する同質性や連帯感、奇数が有する特異性や孤独感のイメージと符合するのは明らかだ。要するに、（半ば偶然的な事情による）数字の形状だけでなく、奇数と偶数の数学的性質もまた、奇数／偶数をブーバキキ的な連想世界へと接続するうえで主要な役割を果たしているはずだ。

本書の観点から改めて強調しておきたいのは、奇数なり偶数なりを物理的に扱っているときに身体に生まれている（であろう）確かな感覚——例えば、8という数字の曲面を撫でるときの滑らかな感じ、7という数字の立体物をポケットに入れているときの突っ張りの感覚、三つの買い物袋を左右の手で運んでいるときのバランスの悪さ等々——こそが、奇数と偶数に関する連想空間をより豊かで強固なものとしている、という点だ。これは、ブーバキキ効果の発動において、語を発音しているときの運動感覚が重要な役割を果たしていたこととパラレルである。こうした複数の感覚が絡み合う連想空間が構築されるうえで、異種混合の感覚が交錯する舞台としての身体が重要な役割を果たすのは、ある意味では当然である。

さらに言えば、ブーバキキ効果がさまざまな語や概念に対して成立するそもそもの背景には、「丸みのある世界」と「角ばった世界」の対立そのものが、——これまで多くの例で示してきたように——極めて豊かな身体的な感覚を喚起するものである、という重要な前提があるのだ。

以上の視点は、ブーバキキ効果がなぜ人種や文化の違いに対して頑健に働くかについても、重要な視座を与えてくれるだろう。要するに、われわれ人間が等しく「同じような身体」を有しているという身も蓋もない事実こそが、人類全体を貫くような同質的な連想の発動を支えているのだ。

仮に人類が、2本の腕を持つ種族と3本の腕を持つ種族で大きく二分されていたとしよう。このとき、後者にとって、2や4という数量は、いかにも収まりの悪い数字として身体化されるだろう。あるいは、彼らにとっては、偶数よりも3で割り切れる数字の方が、豊潤な連想に対して開かれているのかもしれない。こうした思考実験が示唆するように、決定的に異なる身体を有する二つの集団間では、互いに異なる連想空間の体系が形成される可能性がある。

――

ところで、3本の腕などという奇抜な仮定を持ち出すまでもなく、人類は、決定的に異なる身体を有する二つの集団によって、実際に二分されていることにお気づきだろうか。それは、日本国内の統計でおよそ51対49に二分される、例の凹と凸のことである。

実は、偶数性と奇数性の問題を考えるうえで、凹と凸の議論は避けて通れない。性差について何かを語ろうとするのはなかなかに難しい昨今ではあるが、どうやらそのような潔癖は許されないようだ。次節以降、性差の威力をまざまざと見せつけられることになるだろう。

ブーバ世界のカフェで賑わう4人の女性たち

奇数と偶数の好みについて、男女別の結果を挙げる。次のグラフ（図2-B）を見る前にぜひ結果を予想してみてほしい。実は、男女の一方は、奇数と偶数の好みにほとんど差はないが、もう一方では、圧倒的に偶数好きが多くなる。さて、偶数好きが多くなるのは、男性だろうか女性だろうか。

結果は、おそらくあなたが想像した通りである。男性の場合、奇数好き６１２人（48・５％）に対して偶数好きは６５０人（51・５％）、女性の場合、奇数好き５５９人（34・９％）に対して偶数好きは１０４４人（65・１％）である。要するに、女性はおよそ3人に2人は偶数好きなのである。一応統計的な議論をしておくと、男性の場合、この差は偶然の範疇であるが、女性の場合、偶然には万が一にも生じることのない圧倒的な差である。

結果は、おそらくあなたが想像した通りである、と先に述べた。すでに繰り返し述べているように、偶数は、ブーバ世界が旗印に掲げる「調和」の象徴である。要するに、この結果には、男女のどちらがより「調和」を重んじるか、その濃淡が色濃く反映されているのだ。

女性は、妊娠すると一定期間、胎児を体内に宿し、出産した後も一定期間養育することが宿命づけられている。性差についで安易にラベルを貼ることに対することの危険性に留意しつつ、それでもなお、生物学的な水準においては、男性と女性のどちらに「調和」が重んじられるかは明らかであるようにみえる。

無論、女性が総体として「調和」に惹

図2-B | 奇数が好きですか？ 偶数が好きですか？（男女別）

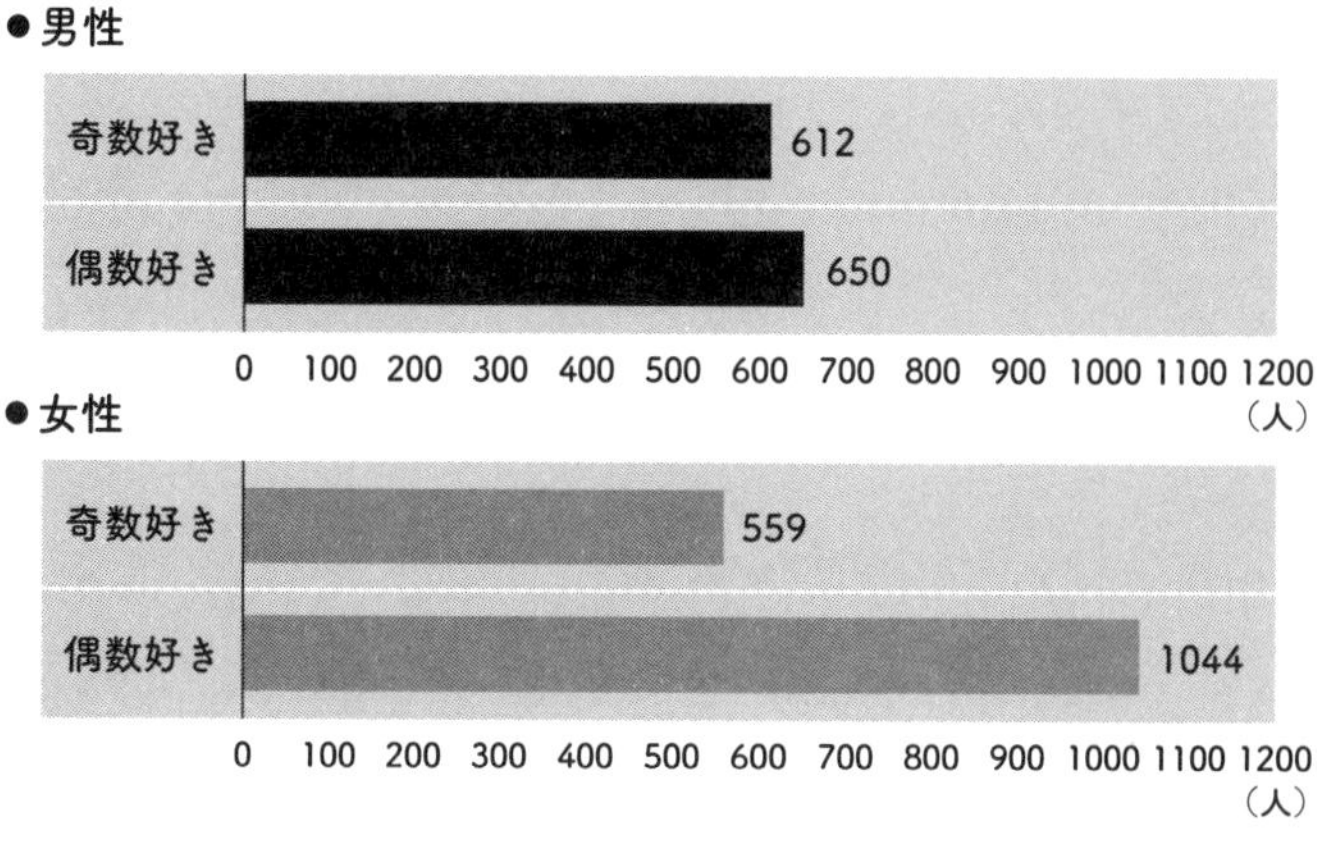

きつけられる背景として、社会によるチューニングもまた無視できない。日本社会は、女性に対して受動的で抑制的であることを過度に要求する。日本社会（あるいは東アジア周辺）の特殊な文化要因が、奇数と偶数の好みに関する強力な性差を生み出している一助となっている可能性は否定できない。

女性がブーバ世界の住人であることは、簡単な実験でもすぐにわかる。ブーバ図形とキキ図形に対して、どちらが男性記号でどちらが女性記号であると思うかを尋ねると、やはり大差で女性（ブーバ）／男性（キキ）に振り分けられる。[*2-a] この結果は、概念的・文化的な連想以前の段階で直接的に惹起される、男女の身体形態の非対称性（男性器の出っ張り、女性の胸部、臀部、妊娠時の腹部の曲面）が主要な導線となっている可能性が高いと僕は考える。

いずれにせよ、ブーバ世界では、丸みのある建造物にあふれかえり、女性で賑わうカフェの中に入ってみると、2人席や4人席は過不足なく埋まっている。つまるところ、偶数も女性も、ブーバ世界の側の住人なのだ。そうであれば、女性の偶数好きは、単に、自分がよく目にするものに対して親近感を覚えていることの反映なのだといういかにも素朴な説明も、しかし十分に説得的であるように思えてこないだろうか。

自己愛をあたりかまわず転写するバースデーナンバー

奇数／偶数の好みを尋ねる実験では、奇数か偶数のいずれかを最初に記入してもらった後で、引き続き性別、年齢、利き手、誕生日を順に記入してもらっている。実は、このアンケートを2013年頃に初めて実施するにあたって、奇数と偶数の好みに影響を与えそうな一つの属性に当たりをつけていた。それは誕生日の数字である。実のところ、性差がこれほどの影響を持つとは、アンケートを始める時点では思ってもみなかった。いずれにせよ、これから問題にしたいのは誕生日の数字だ。

―――

ここで、僕が誕生日の数字に注目するに至った背景――それは、僕がこのアンケートを始めた動機に直結している――を少し説明させてほしい。32歳でポスドクを脱して、初めて大学に教員として赴任した最初の数年間は、慣れない授業の準備に明け暮れる日々だった。この時期、明日の授業のネタを拵《こしら》えるために、それまでの研究人生の中ではまるで素通りしていたさまざまな専門領域に果敢に飛び込んでいった。僕が現在専門としている「からだの錯覚」も、その一つである。

授業を準備する側がこんなにエキサイティングだとは、そのときまで思ってもみなかった。現在の僕の研究や執筆のライフワークの礎は、全てこの時期につくられたといっても過言ではない。毎週、特定の時間に強制的に組み込まれている授業という不自由な業務が、圧倒的に僕を成長させたのだ。

誕生日の数字が、個人の人生の選択に作用することがあるのを知ったのはこのときだ。それは、たしか、David Eagleman の本の中で、わずか数行だけ紹介されていたもので、誕生日の数字が住む場所に影響するというものだった。

原著の論文にあたると、数字を含む地名の土地に、外の土地から引っ越してきた住人の誕生日を調べてみると、その地名の数字が月日で並ぶ、ゾロ目の誕生日の者の割合が、おしなべて期待値よりも高いことが示されている（図2-C上）。要するに、モンタナ州スリー・フォークスへの移住者のうち3月3日生まれの割合が1／365より多

図2-C ｜ 無意識的自己愛の実世界への影響

●数字を含む地名におけるゾロ目誕生日の居住人数

地名に含まれる数字	2月2日生まれ	3月3日	4月4日	5月5日	6月6日	7月7日	8月8日	合計
Two	**22 (17.67)**	12	22	16	14	9	24	119
Three	27	**40 (28.58)**	25	22	32	22	30	198
Four	7	6	**11 (7.72)**	10	4	8	6	52
Five	4	2	2	**3 (2.49)**	2	3	2	18
Six	5	4	2	4	**7 (4.04)**	5	1	28
Seven	1	5	3	2	6	**3 (2.99)**	5	25
Eight	6	1	7	10	5	8	**8 (7.05)**	45
合計	72	70	72	67	70	58	76	485

（　）内の数値は期待値

●（Den/La）の人名を持つ歯医者と法律家の数

	職業	女性 Denを含む名前の人	女性 Laを含む名前の人	男性 Denを含む名前の人	男性 Laを含む名前の人
歯医者	Dentist	30 (21.4)	64 (72.6)	247 (229.7)	515 (532.3)
法律家	Lawyer	434 (442.6)	1512 (1503.4)	1565 (1582.3)	3685 (3667.7)

（　）内の数値は期待値

●名前の頭文字のアルファベットと就職先の関係

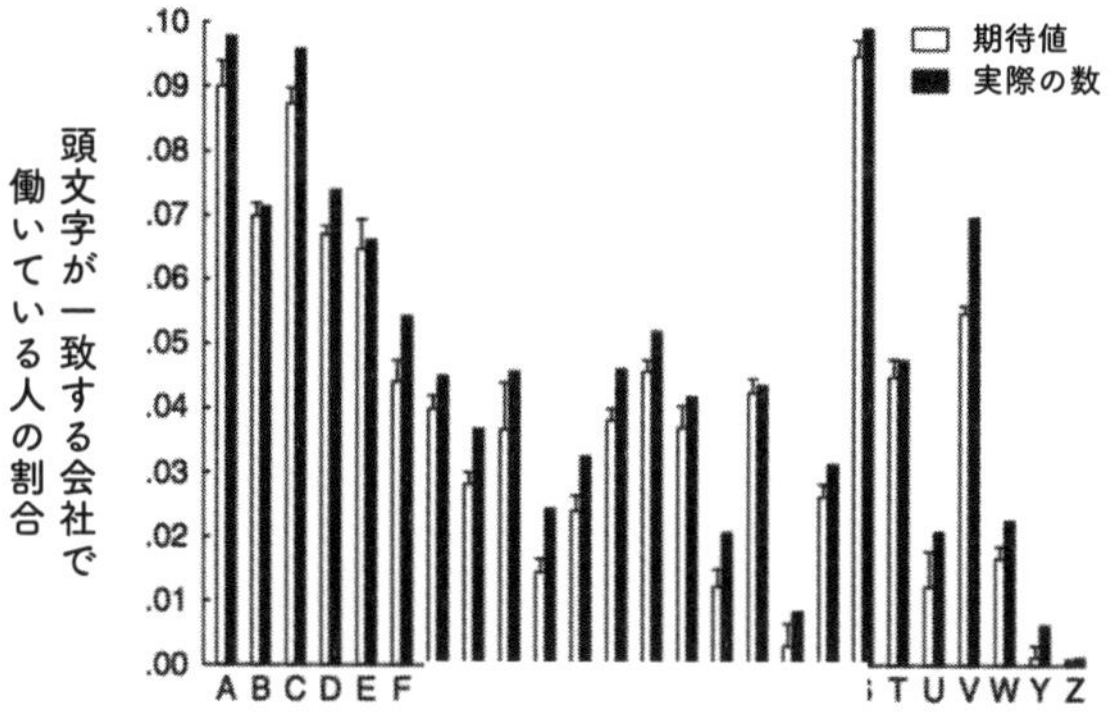

く、サウスカロライナ州シックス・マイルに移り住む人の中で6月6日生まれの割合は、やはり1／365よりも多い。そんな具合である。仮に、この法則が日本の地名にも当てはまるとすると、三重県四日市市への移住者の名簿の中には、3月3日生まれや4月4日生まれの割合が、他の地域よりも多く含まれているかもしれない。

こうした効果は、心理学の分野では「無意識的自己愛」と呼ばれる。簡単に言うと、自己愛が、名前や誕生日などの自己にとって中核的なプロフィール属性に投射され、名前の文字や誕生日の数字が含まれる事物に対する美意識や行動選択に、無自覚的に影響を与えることがある、というものである。

実は「無意識的自己愛」の研究において、誕生日の数字が扱われることは少ない。ほとんどは名前の効果を扱うものである。同じ論文では、米国で免許が交付された法律家(Lawyer)と歯医者(Dentist)の名前の中から、「La」を含む名前「Lawrence／Laura／Lauren など」の人と、「Den」を含む名前「Denice／Dena／Denny など」の人をカウントする。そうすると、男女ともに、歯医者には「Den」を名前に含む人数が期待値よりも多く、法律家には「La」を名前に含む人数が期待値より多くなる(図2-C中)。

同じような例として、ベルギーの58万人の労働者と勤務先の名前を調べたところ、全てのアルファベットにおいて、労働者の名前（ファーストネーム）と勤務先の頭文字とが一致するケースが、期待値を上回っていることがわかった。この結果については、自分の名前を会社名とする家族経営のような形態が存在するため、必ずしも全てが無意識的自己愛の効果とは断定しがたいが、それでも例外なく全てのアルファベットで成立しているというその棒グラフの外観には、素朴に言って強烈なインパクトがある（図2-C下）。

このあたりの論文を読み漁っていたときに、もちろん念頭には、小鷹研理という人間が、いかにして研究者という職業に導かれ、現在こうして「小鷹研理研究室」を構えるに至ったのか、その種の個人的な関心があった。ちなみに言うと、僕はポスドクのときに理研の面接を受けたこともある。残念ながら結果は不採用で、小鷹研理理研研究員は誕生しそびれたのだが。

この種の例は、少し思い出してみただけでも、橋本聖子、藤川球児、など枚挙にいとまがない（ようにみえる）。ただ、こうした名前と職業とのつながりを無意識的自己愛の代表例とみなしてしまうことは、この心理学的効果の深遠さを摑み損ねることになる。というのも、名前に含まれる漢字は、親から繰り返し名づけの想いを聞かされるなどして、自意識の網の目の中の至る所に刷り込まれていくために、無意識的自己愛と言いながら、意識的な作用が活躍し過ぎるきらいがあるからだ。

無意識的自己愛の源流には、単純接触効果やサブリミナル効果といった名称で知られる、過去に見聞きしたものに対する好感度が上昇する認知効果が君臨する。この分野でよく知られる実験によれば、見たものに対する意識的な作用は否定の契機を生むことがあるため――親の期待に沿いたくない、CMの影響を受けたくない等々――、かえって好感度上昇の効果を妨げることがあるという。実際、僕自身が、典型的な理系的ワークから離脱して、（論文だけでなく）作品を制作したり（学会だけでなく）展示というフォーマットにこだわったりする背景には、自分の名前の呪縛から解き放たれたいという強い思いがある（と自分では思っている）。

その点、誕生日の数字列は単なる中立的な記号としての性格が強い。名前と違って、誰かの意思が介在する余地がないし、そもそも誕生日の数字のバリエーションなどたかが知れている。これだけ数字にあふれた世界の中で、いちいち誕生日の数字が含まれる文字列に対して意識を向けていては身体がもたないではないか。だから数字が仮に当人に何かを働きかけるとしたら、無意識的な過程が支配的となっている可能性が高い。

誕生日が無意識的自己愛に影響していることを示す、もう一つの研究を紹介しよう。

その実験では、これから会って話すと伝えられている人物のプロフィールが書かれた書類に目を通した後で、その人物とどの程度仲良くなれそうかを事前に評価してもらう。その書類の右上には、さりげなく4桁の整理番号が書かれている。実は実験参加者はあらかじめ二つのグループに分かれており、一方のグループでは、その整理番号は参加者の誕生日と一致させている。整理番号を確認するようにというような指示は特に与えない。

さて、実験結果はどうなるかというと、驚くなかれ、整理番号と誕生日の数字列とが一致しているグループでは、その書類に書かれたプロフィールの人物に対する印象が良くなる。周辺視野に入った誕生日の数字列が、その書類に印刷された不思議な力を授けていたのだ。

誕生日をずらすことによるきもちわるさ

僕の話に戻ろう。

僕の誕生日は11月3日である。僕自身は大学に入学して一人暮らしを始めてから、数年おきに引っ越しを繰り返すような忙しい人生ではあったが、残念ながら移住先の土地の名前に、11とか3の数字らしきものが混入していたことはない。あるいは、11とか3という数字が、僕の身のまわりの事物の好感度に何かしら影響を与えていることについて、これといって思い当たるものもない。

それでも僕は、無意識的自己愛の話を知ってすぐに、自分の誕生日の数字が、——少なくとも僕にとっては——土地や職業の名前といった個別の対象を超えた、もっともっと巨大な領域に深く食い込んでいる、という強い直感を得た。

この直感は、自分の誕生日について、わずかな操作をすることによって確信に転じた。自分が仮に、11月2日や10月4日の誕生日であると想像してみたとき、あるいはそのようにわずかに数字をずらしたプロフィールを実際に書いてみたときにやってくる、まるで自分が自分でなくなったような違和感、きもちわるさ。この差分こそが、誕生日の数字によって作られていた自己イメージの領分なのではないか。

このとき初めて、僕自身に分かちがたく染みついているあまのじゃくなパーソナリティーと、11月3日という数字の並びとの間に存在するかもしれない、ほのかなつながりについて考えることとなった。

もし僕が11月2日なり、10月4日生まれだったら、小学生の時分から際立って発揮されていた「あまのじゃく性」のうちの幾分かは、抑制されていただろうか。あるいは、誕生日が1日ずれていただけで、今の僕とは全く正反対の、特異性を軽んじる側の人間になっていた、などということがあり得るだろうか。

――生まれた日の1日のずれで、ブーバ世界の住人になるかキキ世界の住人になるかが振り分けられる？――

あまりに馬鹿げている妄想ではあることは認めよう。それでも、妄想はときに人をつき動かす。実際に、妄想にとりつかれた僕はいてもたってもいられなくなり、すぐに例の実験を始めることとしたのだ。それから十数年が経ち、アンケートの参加者は3000人を突破しようとしている。この間、その時々の途中結果は、僕の授業の中だけで秘密結社のように共有され、その都度熱狂を生んできた。他方で、（後に理由を明らかにするように）これまでに学会や研究会といった公式の場で発表することを避けてきたのも事実だ。

それでも僕も、もう40代の中盤に差し掛かっている。いつあちら側の世界へとポックリと渡ってしまうともしれない。大学の教員という立場を最大限に利用して得た公共の財産を、みすみすドブに捨ててしまうというのは、社会に対してあまりにも不義理である。論文の査読システムには強く絶望しており、アカデミックな場所で華々しく発表することに対するこだわりも失っている。何よりも、思い入れの強いこの本はそれなりには売れてほしい。

さぁ、いよいよ詳《つまび》らかにするときが来たのだ。

奇数が好きになる誕生日、偶数が好きになる誕生日

これから誕生日の属性の違いに注目した実験結果を初めて公開する。奇数と偶数に対する感度には性差があることはすでにお伝えした通りだ。そこで、以下の集計は、基本的に男女の集団を切り分けて行なっている（図-2D）。

奇数月生まれの男性（655人）は、48・2％が偶数好きとなる。要するに、偶数好きは半数をやや下回っている。ところが、偶数月生まれ（607人）になると、好みが反転し、偶数好きの割合が55・0％に跳ね上がる。わずか7％の差と感じる人もいるかもしれないが、500人を超えるサンプル数における7％の厚みは非常に重みがある。実際、統計的に、このような偏りが生じる可能性は2％以下であり、論文であれば「効果あり」の裁定が下される。他方で、誕生日の日にちに関しては、数字が偶数であろうと奇数であろうと、偶数奇数の好みに全く影響していない。要するに、男性は確かに誕生日によって偶数奇数の好みは影響を受けるが、実際に効力を持っているのは月の数字に限られる。これが統計的な結論である。

女性になると、少し事情が変わってくる。奇数月生まれの女性（823人）のうち、

図2-D ｜ 誕生日の奇数／偶数と奇数・偶数の好み(男女別)

●月の数字

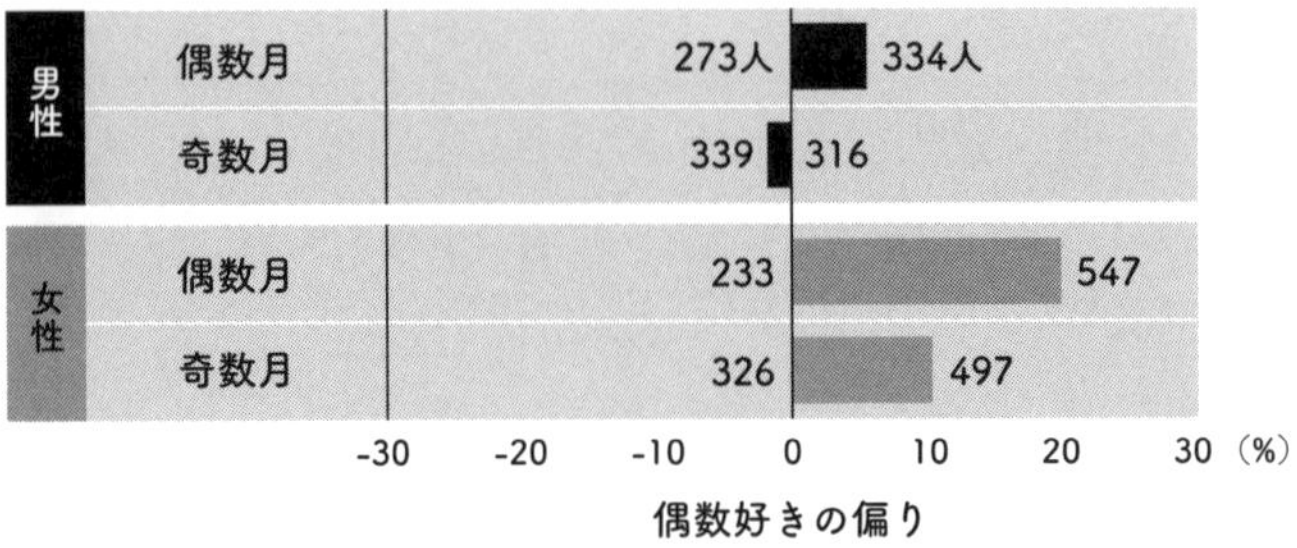

●日にちの数字

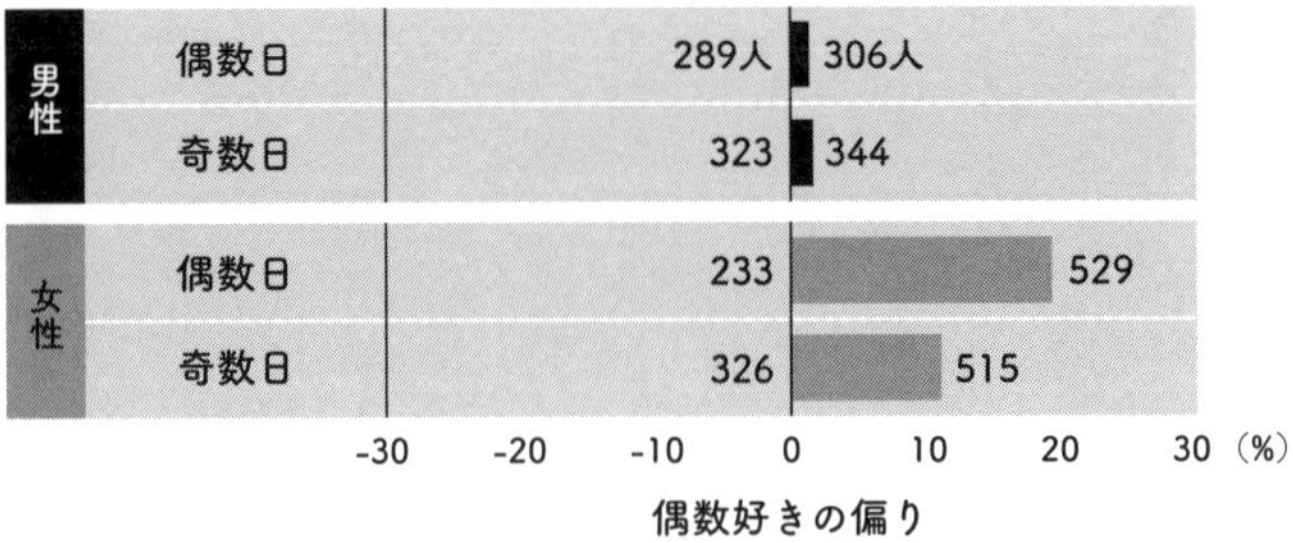

●月と日にちの数字

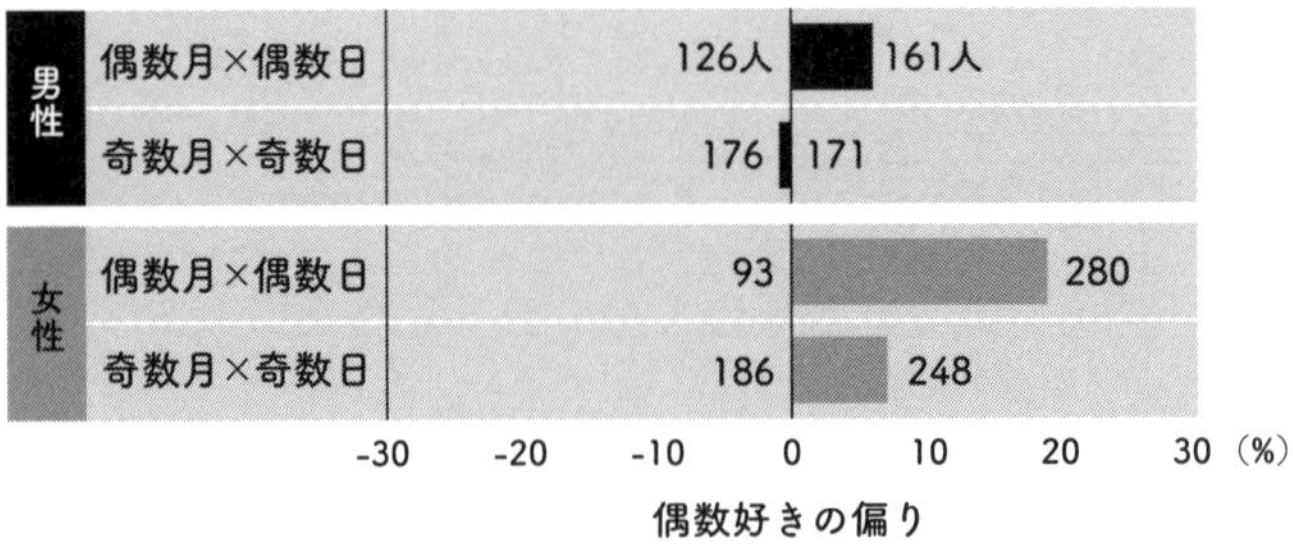

奇数が好きな人は39・6％にしかならない。つまり偶数好きの割合は60・4％である。思い出してもらいたいのだが、女性はそもそもが偶数好きの傾向を有する種族であった。だから、奇数月生まれの中で偶数好きが優勢であっても、奇数の影響がなかったということにはならない。事実、女性の偶数好きの割合は、偶数月生まれ（７８０人）となると、一気に70・１％にまで跳ね上がる。逆に言えば、奇数月の数字は、女性がもともと有している偶数好きの傾向を少なからず弱めているとも考えられる。

そして、女性の場合、同様の傾向は誕生日の日にちにも現れる。奇数日生まれの女性の偶数好きが61・２％であるのに対して、偶数日生まれでは、69・４％にまで跳ね上がる。極めつけは、月と日にちの属性が同じ場合である。月も日にちも偶数の女性３７３人のうち、偶数好きと回答したのは２８０人、割合にすると75・１％である。要するに４人に３人程度が偶数好きとなる。ちなみに、月も日にちも奇数の女性の偶数好きは57・１％である。両者の間で実に18％もの変動が存在するのだ！

引き続き、男女別に、偶数好きの割合の多い誕生月の数字を左から右へと順に並べてみる（図2-E上）。男性で偶数好きの最も多い月は2月、女性は12月、逆に奇数好きの割合が最も高い月は男性が7月で、女性が5月である。もっとも、近い順位を持つ数字

図2-E ｜「偶数好き」割合の多い誕生日の数字ランキング

●誕生月別、偶数好きの人の割合

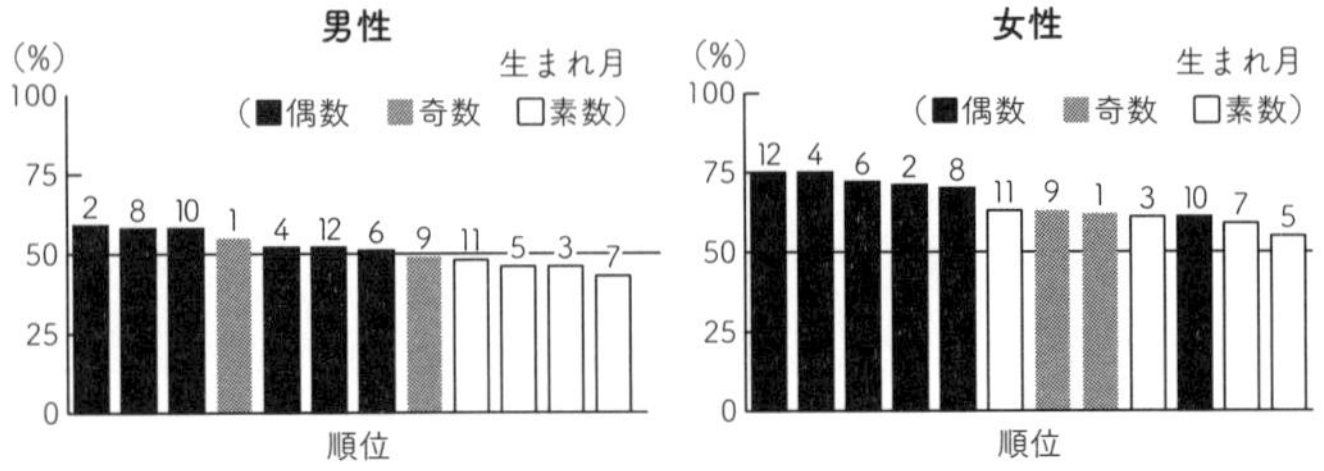

●誕生日(日にち)別、偶数好きの人の割合

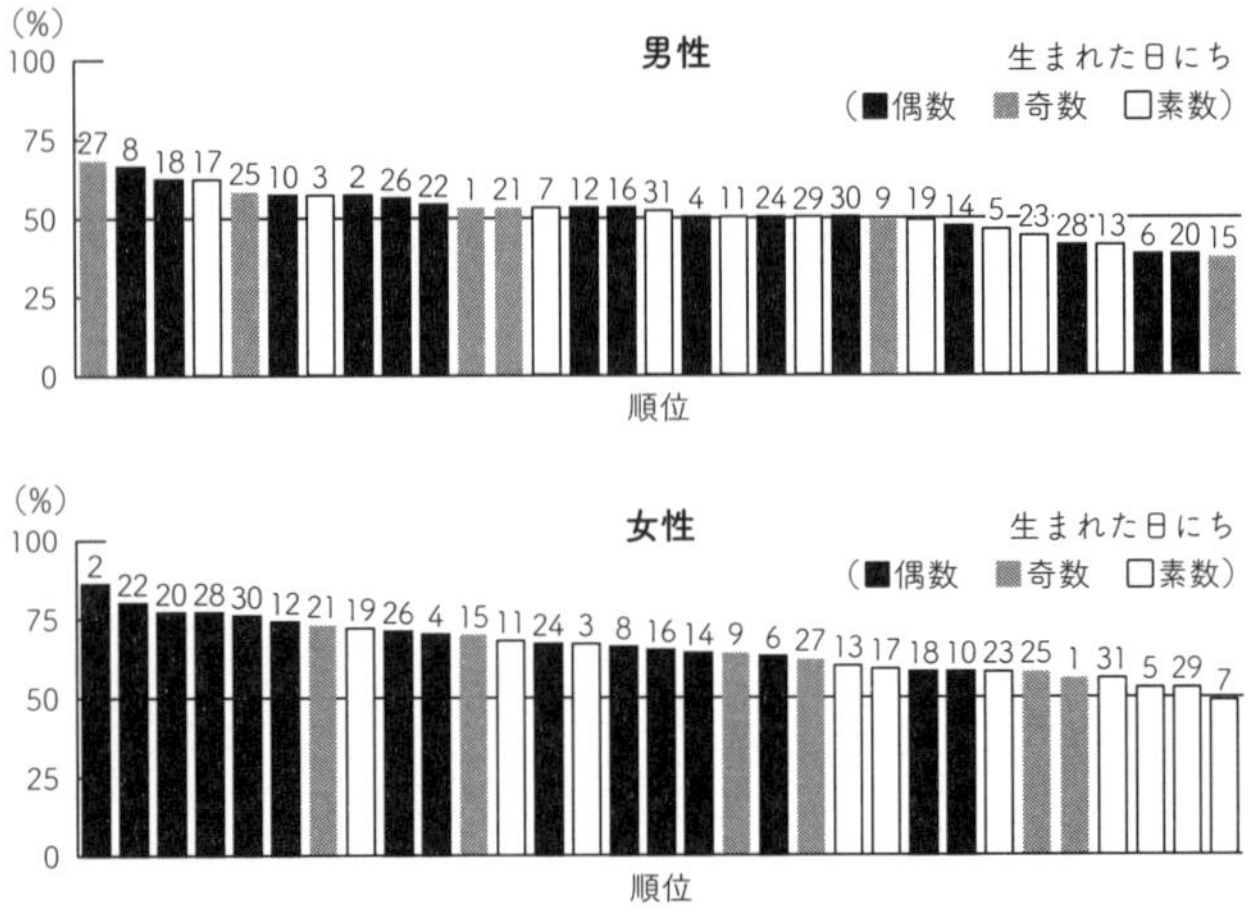

「偶数好き」の割合が多い順に誕生日の数字を並べたもの(回答者2765人時点のデータ)。縦軸は「偶数好き」の割合。グレーの「奇数」表記は、正確には「素数ではない奇数」と対応する。また「2」は実際には偶数と素数の性質をあわせ持つ数字であるが、この集計では「偶数」として扱っている。

同士はどんぐりの背比べであり、あまり順位の大小にこだわっても意味がない。とりいそぎ確認しておきたいのは、男女ともに、左側に偶数が、右側に奇数が固まっているという誰が見ても明らかな傾向である。

今度は、偶数好きの割合の多い誕生日の日にちを順に左から右へと並べてみる。男性は、左から、27、8、18、17、25、10……と奇数と偶数がバラバラに飛び交う（図2-E中）。誕生日の日にちの属性の影響を受けていないという男性に固有の特性は、この断面から見てもよくわかる。*2-b

つづいて、女性のグラフに目を向けよう（図2-E下）。こちらは一転してまばゆいばかりの必然性に満ちている。

まずは大きくみると、上位6位までが偶数、下位7位までが奇数であり、日にちの水準であっても、数字の属性の影響を受けているのは明らかである。さらには、上位6位の中に、一の位が2のもの（2、12、22）が全て入っている、という際立った一貫性が存在する。この中でも、「X月2日」生まれの女性44人のうち実に38人（86・3％）が偶数好きと回答している。このサンプル数で絶対数に特別な意味を見出すことは厳に慎まなければならないが、それでも、86・3％という強烈な数字を目の前にして、相応の驚きを禁じ得ない。

いずれにせよ、上位に2、22、20、12と、「2」という数字が心理的に前景化する数字が集中していることから、2という数字が特別な効力を持っていることについては、疑いようのない事実であると認めてよいだろう。「2」がブーバ世界の概念的特徴を象徴的に体現する数字であることはすでに述べたとおりだ。

女性の日にちグラフは左を見ても右を見ても、圧倒的に面白い。引き続き、奇数好きの多い右側を眺めてみよう。（女性にとっては）難関な奇数好きの女性を多く輩出している上位4つの誕生日は、7日生まれ、29日生まれ、5日生まれ、31日生まれであり、なるほど、これらは全て素数である。

これまで何回か、角ばったキキ世界の豊かな体感を伝える象徴的な数字として「7」を登場させていたように、僕個人の体感としては、1桁の数字に限ると「7」という数字は極めて奇数的である。今回の結果は、この個人的な感覚と強く符合している。さらに言えば、男性を最も奇数好きにさせる月も「7月」である（女性の場合、2番目）。

いずれにせよ、これらの結果は、奇数的世界において「7」が重要な位置を示していることを強く物語っている。[*2-c]

さらに言えば「29」「31」「23」が奇数好きの上位に顔を出しているのもまた味わい深い。すでに述べたように、数字が大きくなるほど、素数の出現確率は減退し、その希少性は高まる。サイズの大きな素数は、奇数的世界において重要な概念の一つである「特異性」をさらに高めることになるだろう。ここで見られているのは、数学的特性と心理学的効果の見事な符合である。

数字から豊潤な連想世界が広がる女性たち

ここまで紹介した結果を要約しよう。

まず、男女を問わず、個人の誕生日の数字と同じ属性（奇数／偶数）への好感度を高めるような、確かな効果が存在する。大筋では僕の直感は正しかったのだ。ただし、この効果の程度には、強い性差がある。女性は誕生日の月日ともに強い影響を受けるが、男性は誕生月の数字からの影響のみに限定される。その影響度も女性の方が圧倒的に強い。女性の集団のみに注目すると、偶数への好感度を高める最大の因子となる数字は「2」であり、逆に「7」やサイズの大きな素数は、女性の偶数好きを強く抑制する。

　繰り返すが、大筋で僕の直感は正しかった。これらの結果は、誕生日の数字が、無意識的自己愛という心理学的回路を通じて、当人の美的感覚の方向性に一定の影響を果たしている、という主張を強く支持するものである。

　それでも、研究者としては極めて自然なことではあるが、僕自身の関心は、実験当初の仮説からは漏れていた問題にこそ甚《いた》く惹き寄せられていく。ここで再び俎上《そじょう》に上がるのは性差の問題である。そう、何といっても目を見張るのは、個々のグラフを見比べていく中であまりに見事な隠し絵として浮上する、女性の数字に対する感受性の強さだ。月と日にちが偶数であると75％が偶数好きとなり、日にちの一の位が2となると、80％が偶数好きとなる。まるで遺伝子の染色体のように、誕生日の数字が、女性を半ば自動的に偶数好きに発現させているようではないか。

少し冷静になろう。女性は単に誕生日の数字に対して敏感なのであって数字一般に対して感受性が強いわけではない、という反論は十分にあり得る。

実際に、日本では誕生会を開いたり、誕生日プレゼントの授受を行うのは、男性よりも圧倒的に女性が多いという文化的事情がある。この文化差が、誕生日の数字に対する感度の性差のある部分を反映しているのは間違いない。他方で、女性における誕生会への執着への背景の一つに、そもそもが数字に対する感受性の強さが織り込まれているとも考えれば、これらは相互に対立するものではなくなる。

加えて、――再び思い出してもらいたいのだが――女性は、誕生日の数字にかかわらず偶数好きに大きく偏っていたのだった。この事実そのものが、彼女たちが有している数字に対する感受性の強さを裏打ちしている、とはいえないだろうか。というのも、仮に、女性の生物学的属性なり社会的属性なりと偶数的世界観との間に強い親和性が認められていたとして、偶数から偶数性を感受する豊かな感受性がなければ、彼女たちが偶数好きに靡《なび》くことはないからだ。[*2-d]

僕の考えでは、奇数・偶数にかかわらず、特定の数字から数字性を感受する女性の特性の大部分は、身体に対する深い感受性に由来する。ここで問われているのは、数字に対する感覚を身体的な感覚にシームレスに変換し、アンプリファイする能力である。

例えば、8という数字を踏んでいるときの気持ちよさ、7を踏んでいるときの刺すような痛みの感覚を、どれほどのリアリティーで感受できているか、あるいは2、3という数字が醸し出す調和性やズレの感覚を、自らの身体の生々しいバランス感覚として享受できるか、等々。

この種の共感覚的特性に性差があることについて直接的に言及するような研究があるのかどうか、僕にはわからない。それでも、疼痛や鎮痛剤に対する感受性の性差を調べた実験では、女性は痛みに対してより敏感であるとする知見が得られている。関連するところでは、女性は、男性と比べて懲罰を避ける傾向が知られており、これも、痛みに対する感受性の高さが関係しているのかもしれない。この種の痛みへの感受性が、（例えば）単なる7という数字から奇数性を読み込むうえで、有効に作用しているとは考えられないだろうか。

女性の身体は、月経によって1ヶ月単位で、まるで異なる身体の状態空間を往還していく。そうした広大な海流の上をサーフィンしている彼女たちにとって、――巨大な波としての――月経がいつやってくるのかを正確に把握することは、自身の生活をうまく乗りこなしていくうえでの至上命題である。ちょうどサーファーが注意深く海流を読むような繊細さで、微細な身体の兆候も見逃すまいとする彼女たちが、身体に対する感受性を鋭敏に研ぎ澄ましていくのは、それほど不思議なことではない[*2—e]。

少し話がずれるが、情報技術に基づいてあらゆる事象が統計的記述に還元され、細かな未来予測が可能となりつつある現代にあって、――世界中の女性にとっての関心事であるはずの――月経の開始日を前もって正確に予測したり、月経のリズム（位相）を細かく制御する技術が十分に確立していないという事実は、極めて驚くべきことである。情報技術によって人間を完全に管理しようとする工学的欲望を頓挫させる最後の砦は、意外とこの月経なのではないのか、僕は、時々そんなことを考える。

――同じく現在の情報技術でも太刀打ちできない――地震を予知する魚や鳥のように、月経のリズムを主観的に予感する女性の感受性は、多くの男性にとってひたすら謎めいている。そうであれば、これ以上、門外漢である僕が女性について語るのは控えた方がよいだろう。このあたりで退散するのが賢明だ。

歴史上、ただの一度しか許されない実験

長くなってしまった2章をようやく閉じるときが来た。手元にはまだ外に出していないデータが両手に抱えるほどあるが、[*2-f] この本は誕生日占いの本として企画されたわけではない。そして僕はといえば、もう次の章の話題に移りたくてウズウズしてしまっている。書き残したものについては、また別の機会にゆずりたい。

この章は、まだ小学校2年のときの僕の周辺で起きた、あの忌まわしい事件の供述から始まった。本章は、全体を通して、石を投げた本当の犯人を探す壮大な旅であったと思ってもらえばよい。果たして、犯人は同定され、僕は無実の罪を晴らすことができただろうか。

かいつまんで言えば、問われていたのは、11月3日の二つの数字が、僕個人の「あまのじゃく性」の発現にあたって、決定的な役割を果たしていたのかどうか、この一点である。残念ながら、この種の特定の個人に介入する問いに、実験心理学が——肯定にせ

よ否定にせよ――決定的な証拠を提示することはほとんど不可能である。

平均的な集団の断面として見たときに、誕生日の数字が、実際に奇数／偶数の好みに影響を与えていること自体は間違いない。それでも、特定の個人が実際にどの程度の影響を受けているかは決して明らかにされない。これは統計学の限界でもある。

さらにいえば、「奇数が好き／偶数が好き」という言明が当人の美的イメージの方向性の違いを暗示しているという僕の主張について、訝《いぶか》しがる人もいるだろう。僕にとって、奇数や偶数という数学的属性が数学の垣根を軽々と飛び越えてしまうことは自明であるが、僕がそれを自明であると感じていることそのものが、誕生日の数字と自己像との間に深いつながりを感じずにはおられない、僕個人に特有の事情を物語っている。

少しトーンを落とすようだが、「誕生日の数字を2で割った余りが、自己の美意識を方向づける」という主張は、現時点では、あくまでも仮説に過ぎないことは強く強調しておかなければならない。[*2-g] かけがえのない友人を失いたくなければ、あまり得意になって周囲に吹聴するべきではない――あなたが学術的コミュニティーの一員であればなおさら――。これは僕自身の実践でもある。

とにもかくにも、３０００人弱の簡素なアンケートの結果を受けて、この狂った主張は、今のところ魅力的な仮説として延命している段階にある。僕としては、周囲にこの主張を無理に認めてもらおうというのではなく、ただただ、この過渡的な状態を楽しみたい。そのような心持ちでいる。

この仮説が立証された世界では、6月30日の23時59分に生まれるか、7月1日の0時0分に生まれるかで、まるで異なる自己イメージが形成される（かもしれない）。生まれた日のたった1日のズレが、その赤ん坊を、ブーバ的自己とキキ的自己とのいずれかの世界に振り分ける。何てワクワクするような世界観なことか！

――

最後にある種の予言のようなことを申し添えておきたい。もし、このアンケート結果の要点が日本中の人々にとって自明の話題となってしまった暁にはどんなことが起こるだろうか。

あなたが誰かに「奇数が好きですか？　偶数が好きですか？」と問うたとする。その誰かは、もはや自分の誕生日の数字を思い浮かべることなしに、その質問に答えることはできないだろう。そうして、自分の誕生日の数字と合致するようなエピソードが率先して探索され、――よほどのあまのじゃくでない限り――既知の傾向と合致するような回答を選択する確率が一気に高まる。ちょうどB型である僕が、自分のことを自己中心的で典型的なB型であるという信念から逃れられないように。

さらに言えば、この誕生日アンケートの結果が、現在の血液型による性格診断ほどに人々の意識に刷り込まれてしまったならば、人々は、実際に好んで自分の誕生日の数字の属性（奇数／偶数）から連想される性格へと類型化していく可能性すらある。この状況は仮説にとっては紛れもなく追い風である――勝手に人々が仮説に追従するようになるのだから！――。しかし、追い風も一線を越えれば、正式な記録として認められなくなる。血液型診断の界隈で起きていることはまさにこの種のことである。

要するに、もし本書が国民的なレベルで話題となるようなことがあれば、今後、同様のアンケート実験を実施したところで、その結果から得られるものは汚染にまみれたものとなる。逆に言えば、今回共有された実験データは、肯定バイアスや自己類型化による歪みを回避した、歴史的に見ても唯一の価値を持つ無垢なサンプルとなるかもしれない。そうであれば、僕が本章でしていることは、未来の心理学者に対して、なんと罪深い暴露であることか。

それでも、そんな大それた心配は杞憂に終わると考えるべきなのかもしれない。僕の知名度なり出版業界の現実なりに目を向ければ、この本がまるで話題に上ることなく、発売後まもなく絶版の運命を辿る確率の方が圧倒的に高いだろうから。

まぁ、それでもいい。

絶版の知らせを受け取った僕は、そっと「これでよかったのだ」と負け惜しみの一つでもつぶやき、その後も懲りずに「奇数が好きですか？　偶数が好きですか？」の質問を死ぬまで積み上げていくだろう。そんな孤独こそが、奇数的世界の中枢に押し込まれている住人に相応しい。

*2-a

この種の傾向は、くりかえし僕の授業で確認され続けていることだが、あまり根拠を示さないのもよくない。ちょうど一ヶ月前、大学一年生向けの授業中に行ったアンケート結果を示そう。授業中に、スライドを通して、ブーバキキの図像を見せて、この二つの図像が男女の記号であるとしたときに、ブーバ図形／キキ図形の対に対して、（A）男性／女性、（B）女性／男性のどちらがよりふさわしいかを、Google Formsを通じて回答させた。結果は、81人中61人（75・3％）が（B）と回答した。例年の感じからすると、多少物足りなくも感じるが、それにしても、圧倒的な差であることにはかわりない。ちなみに、同じくブーバキキ図形に対して（A）奇数／偶数、（B）偶数／奇数で聞くと、81人中62人（76・5％）が（B）と回答する。こうした結果からも、男性と奇数、そして女性と偶数が、それぞれ同じ世界の住人であることがよくわかるだろう。

この性と奇数／偶数の連関について、最近おもしろい実験があることを知った。2012年のジェイムズ・E・B・ウィルキーらによる研究だ。実験では、性別がよくわからない赤ちゃんの写真を見せてから、間髪入れずに3桁の数字を見せる。最後に（先ほど見たばかりの）赤ちゃんの性別を問うと、数字の属性によって回答の偏りが出たという。奇奇奇の数字と比べて偶偶偶の数字では、女性と回答する確率が10％増加したという（イギリス人作家アレックス・ベロスの著書『どんな数にも物語がある』を参考にした）。

ところで、このような概念間の強い連関が、集団全体で見たとき作用しているのは確実といえるが、個人レベルで言うと、全く逆の連関をまがうことなき確度で感じている人が一定数存在することもまた事実だ。まずもって、授業後の学生のコメントで、「自分が少数派であることに驚いた」系のコメントは、毎年のように観測される。最近、某所で対談する機会のあった（素数誕生日の）気鋭の映像作家は、自らの誕生日の数字と彼自身の社会イメージである「孤高の天才性」との連関に強く自覚的であった。そんな彼に、ブーバキキ図形を見せてどちらが奇数でどちらが偶数かを問うたところ、ブーバ図形が素数（奇数）で、キキ図形が偶数であると、全く躊躇することなく答えたのは驚きだった。そして、彼もまた、自分と同じ回答が少数派であることを聞いてひどく驚いていた。

僕はこの種の「自分が普通（多数派）だと思っていたのが、実のところかなり少数派だった」ことを初めて知ること／知らせること、その種の体験に強い関心がある。何より、この種の体験には、自己のアイデンティティーの足場がぐらぐらさせられるような、何とも言えないヤバさがあるではないか。

*2-b

男性の中で、27日がなぜこれほどの偶数好きを獲得しているのか、あるいは奇数好き割合一位の数字がなぜ「15」なのか、不思議に思っている人もいるだろう。僕の勘では、ここを深く探ったところでおそらくは何も出てこない。統計的な手続きとして、31個も数字があれば、本来差がなくても、一つや二つの数字が偶然にそうした偏りを持つことは十分にあり得る（第一種の過誤）。異なるサンプルであれば、27や15とは別の数字がまた割に合わない偏りを獲得しているだろう。ということで、男性のグラフで特定の日にちの数字に特別な意味を見出そうとすることは、あまりおすすめしない。いずれにしても、僕の勘は今のところ勘でしかない。実験サンプルが10000ほど集まったところで、27と15は果たしてどの順位にいるだろうか。未来の答え合わせを楽しみに待つことにしよう。

＊2-c

『どんな数にも物語がある』の中には、ネット上で好きな数字を問うたアンケートの結果が示されている。3万人の回答者のうち、最も票を集めたのは「7」であった（得票率9.7％）。ベストテンは、7、3、8、4、5、13、9、6、2、11と続く。この上位の顔ぶれからは一定の文化的影響を感じさせるが、ひとまずその点は置いておこう。注目したいのは、圧倒的な得票を集めた「7」のことだ。この結果は本書の主張と合致するように、「7」という数字が、文化によらない強力な共感性を宿していることの一つの反映と言えるかもしれない。前掲書の中で、アレックスは面白いことを指摘している。「7」が特別なのは、10の数字の中で唯一、掛けることも割ることもできないからだ、と。要するに、（1、2）（2、4）（3、6、9）（4、8）（5、10）のようなペアをつくることのできない唯一の数字が「7」なのだと。なるほど、この観点で言うと、7は一桁の数字の中で、とりわけ仲間はずれで孤高な位置を占めることがわかる。素数的性質が尊ばれるキキ世界において「7」が特別な意味を持ってしまうことは、このような純粋に数学的な観点からも説明できるだろう。

＊2-d

ここの点に関して、つい先日、授業の中で実施したアンケート実験で非常に興味深い結果が得られたので報告しておこう。実を言うと、本書の刊行を一区切りとして、今年度よりアンケートの内容をわずかに拡充した。5項目（奇数／偶数の好み・性別・年齢・利き手・誕生日）を順に書いてもらうまでは従来通りだが、最後に「男性と女性のうち、偶数好きがより多いのはどちらだと思いますか？」という新しい質問項目6を加えたのだ。記念すべき最初の実験は、2024年5月10日の大学1年生向けの授業の中で行われた。彼らは入学したばかりの他学部の学生で、僕とはまったくの初顔合わせである。このアンケートに回答する前段階で、本章の話題には一切触れていない。さて、正解と言うべきであろう「女性」と回答した人の割合（要するに正解率だ）を、回答者の男女別に並べてみよう。結果は驚くべきものだ。

女性の正解率93％（36／39）
男性の正解率55％（26／47）

要するに、女性は、自分たちが「偶数が好きな種族」であるというメタ認知を、驚くほどの精度で有していたのだ。統計好きの読者のために、もう少し驚愕のデータを提供しよう。この実験では、女性39人のうち16人が「奇数好き」と回答している（平均的な集団よりも奇数好きの多いサンプルだ）。そして、この16人の全員が、偶数好きの多い性は「女性」と回答しているのだ——自分は奇数が好きであるのにもかかわらず。少数派である彼女たちは、自分たちが大勢に反する好みを有していることに正しく自覚的であった。そうであれば、この項目6の歪みは、女性が偶数好きであることによる結果であるとみなすよりは、女性に特有の数字に対する感受性の深さに起因すると考えるべきではないか。

*2-e

精神分析を専門とする斎藤環の著作『関係する女　所有する男』の中には、そのものずばり「女性だけが身体を持っている」というタイトルの節がある。斎藤によれば、臨床場面においては、男性よりも女性の方が圧倒的に身体の機微に対して敏感であるという（例えば、それは低血圧、冷え性、倦怠感などの訴えの多寡にみられる）。こうした男女の差異を、斎藤は脳構造などの器質的な要因ではなく、（生育過程における）ファルスに対する心理的なダイナミクスを基軸とする精神分析的な過程に見出す。

斎藤の整理によれば、男女のジェンダー間の欲望の違いは、男性に多い「所有原理」と女性に多い「関係原理」の対比で説明できるという。かいつまんで言うと、男性はアタマ（言語・概念）で対象を所有しようとする一方で、女性はカラダ（身体的共感）で対象との同一化を図ろうとするというのだ。なぜか？　少なくとも女性について言えば、女性のナルシシズムが「他人の目から見た自分の身体」というイメージを媒介としなければ成立しないからであり、したがって彼女たちにとっては、対象に対する受動的関与こそが基本的な作法であるからだ。

このつづきは、ぜひ原典にあたってほしい。本書との関連から言えば、ブーバ世界もまた「関係原理」が支配する世界だと言うべきだろう。そうであれば、ブーバ世界に大多数の女性が惹かれていくのは、極めて自然なことかもしれない。

*2-f

僕は以前、Wikipediaの公開データベースを使って、職業と誕生日の関係を徹底的に洗い出したことがある。いたるところに驚愕の結果を得たのだが、論文発表に漕ぎ着けることができないまま、その解析結果は、もう10年ほど放っておかれている。今後、どこにも発表する予定もないので、これまで自分の授業の中だけで紹介している「おもしろい事実」を一つだけ載せておこう。こんな狂った話を紹介するのは、注釈こそがふさわしい。

Wikipediaで公開されている職業のうち、他の追随を許さないほどに、2桁の素数の誕生日（日にち）を持つ人物の割合が少ない職業が存在する。その職業とは、ポルノ女優だ。他の職業と比べてポルノ女優だけが突出して、素数誕生日の人が少ない——少なくとも10年前の段階のデータによれば。何と言っても、通常期待される水準よりも20％以上も素数人口が薄いのだから。不自然すぎやしないかと思う何度か解析をやり直してみたが結果は変わらなかった。なぜだろうか。理由はおそらくシンプルだ。彼女たちの誕生日が、実際に不自然に加工されているからだ。少し考えてみればわかるが、ポルノ女優のほとんどは身バレを恐れて適当な誕生日を申告していることだろう。そう、不自然な分布は、このポルノ女優という職業に特有の社会的事情によるはずだ。問題は、なぜ、ポルノ女優が適当に誕生日を決める時に、その分布が非素数（偶数）に偏るかである。ここにきて本書の議論が役にたつ。そう、ジェンダーとしての女性は偶数好きの種族であり、自分のアイコン的な数字として、偶数が選ばれやすいのだ。

ところが、ポルノ女優の中でも、世の中で比較的活躍しているポルノ女優のグループ（Wikipediaの記事量で判断）においては、素数誕生日の保有者が一般的な水準に回復する。逆に言えば、社会的に成功しているポルノ女優の（誕生日）素数人口は、一般的なポルノ女優のそれと比べて20％も多い。この有名人効果は何に由来するのだろうか。僕には2つほどの仮説があるが、さすがに注釈の枠をはみ出しつつある。この辺りでやめておこう。

最後にお願いがある。僕の圧倒的なまでの直感によれば、官僚や役所の仕事に奉仕する公務員には偶数誕生日の者が多い。ここで十分な根拠を示すことはできないが、僕の直感はけっこうな確率で当たる。いつの日か、この仮説を検証できないかと企んでいるのだが、僕自身はますます忙しくなっており、仮にこの周辺の問題に手をつけるとして、その時期は大学をやめてからになるだろう。もし、この問題に関心があり解析を引き継いでいただける心ある研究人（統計に強い方だとありがたい）がいたならば、ぜひお声がけいただきたい。これまでの解析結果を惜しみなく共有いたします。

*2-g

さらにトーンを落とすことにはなるが――僕自身は、一般に、誕生日の数字そのものが単体で、個人の美意識を土台から方向づけていくほどの心理的効力を発揮するとは考えていない。おそらくは、遺伝や環境などの要因を通して獲得されつつある自己像の萌芽的な歪みがまずはあり、その歪みと誕生日の数字イメージとの間に強い親和性が感知されたとき（ここには無意識的な作用が強く働いているだろう）に限って、その萌芽は、より力強くその枝をますます遠くまで伸ばしていく。キーとなるのは、偶然の符合による「正の触媒」だ。

この意味で、（性差に関して言えば）誕生日の数字がもっとも強大な効力を発揮するのは、やはり女性×偶数のコンボである。もともと備えていた女性の偶数性が、たまたま（彼女が）保有していただけにすぎない偶数のアイテムに特別な意味を与え、その女性をますます女性人らしく（偶数世界の住人らしく）設えていくのだ。同じ観点で、素数の誕生日の数字が特異的な効力を発揮するのもまた、何らかの偶然で既にして素数世界の住民権を得つつある人々だ。それは例えば、社会的な注目を集める者・天賦の才に恵まれた者、あるいは（それとは真反対に）社会的孤独に苦しむ者であるかもしれない。

［参考文献］

Bargh, J. A., Chen, M., & Burrows, L.（1996）. Automaticity of Social Behavior: Direct Effects of Trait Construct and Stereotype Activation on Action. Journal of Personality and Social Psychology, 71（2）. https://doi.org/10.1037/0022-3514.71.2.230

脳のなかの幽霊（角川文庫）文庫–2011/3/25
V・S・ラマチャンドラン（著）、サンドラ・ブレイクスリー（著）、山下　篤子（翻訳）

言語の本質–ことばはどう生まれ、進化したか（中公新書2756）新書–2023/5/24
今井むつみ（著）、秋田　喜美（著）

あなたの知らない脳──意識は傍観者である（ハヤカワ・ノンフィクション文庫）文庫–2016/9/8
デイヴィッド・イーグルマン（著）、大田　直子（翻訳）

Pelham, B. W., Mirenberg, M. C., & Jones, J. T.（2002）. Why Susie sells seashells by the seashore: Implicit egotism and major life decisions. Journal of Personality and Social Psychology, 82（4）, 469–487. https://doi.org/10.1037//0022-3514.82.4.469

Anseel, F., & Duyck, W.（2008）. Unconscious applicants: a systematic test of the name-letter effect. Psychological Science, 19（10）, 1059–1061. https://doi.org/10.1111/j.1467-9280.2008.02199.x

サブリミナル・マインド–潜在的人間観のゆくえ（中公新書）新書–1996/10/25
下條 信輔（著）

サブリミナル・インパクト：情動と潜在認知の現代（ちくま新書757）新書–2008/12/1
下條 信輔（著）

小鷹研理「奇数が好きですか？偶数が好きですか？–個人の美意識の起源としての誕生日の数字」、日本認知科学会第41回大会（発表予定）

Jones, J. T., Pelham, B. W., Carvallo, M., & Mirenberg, M. C.（2004）. How do I love thee? Let me count the Js: implicit egotism and interpersonal attraction. Journal of Personality and Social Psychology, 87（5）, 665–683. https://doi.org/10.1037/0022-3514.87.5.665

Racine, M., Tousignant-Laflamme, Y., Kloda, L. A., Dion, D., Dupuis, G., & Choinire, M.（2012）. A systematic literature review of 10 years of research on sex/gender and experimental pain perception - Part 1: Are there really differences between women and men? Pain, 153（3）. https://doi.org/10.1016/j.pain.2011.11.025

Wilkie, J. E. B., & Bodenhausen, G. v.（2012）. Are numbers gendered? Journal of Experimental Psychology: General, 141（2）. https://doi.org/10.1037/a0024875

図2-C・無意識的自己愛の実世界への影響《数字を含む地名におけるゾロ目誕生日の居住人数、（Den/La）の人命を持つ歯医者と法律家の数》：
Pelham, B. W., Mirenberg, M. C., &Jones, J. T.（2002）. Why Susie sells seashells by the seashore: Implicit egotism and major life decisions. Journal of Personality and Social Psychology, 82（4）, 469-487.
《名前の頭文字のアルファベットと就職先の関係》：
Anseel, F., &Duyck, W.（2008）. Unconscious applicants: a systematic test of the name-letter effect.Psychological Science, 19（10）, 1059-1061.

第3章

20秒間でシャッターを1回だけ押す

20秒間でシャッターを1回だけ押す

２０２３年の８月に生放送でＮＨＫの番組に出演した。ちょうど、この本の第１章が書き上がっていた頃だ。

メディアに出演すること自体は、40代も半ばとなった僕にとってそれほど珍しいことではない。初めてテレビに出演したときには相応の緊張と興奮が並走していたが、今ではろくに台本すら読まないで収録に臨むことがほとんどだ。それでも、これまでに関わってきたメディアの仕事は、それなりにスマートにこなしてきた、という自負がある。

しかし、その収録は僕にとって初めての生放送だった。お盆休みの最中であるばかりか、時間帯はゴールデンタイムときている。何か不都合なことをやらかせば、全国的にその醜態を晒すことになるだろう。加えて（後ほど明らかにするように）番組の特性上、一般的な生放送よりもさらに危険な要素を含むこともまた明らかだった。

いずれにせよ、成り行き上、僕はその生放送番組に出演し、実際にある実験の解説を担当することとなった。多くの視聴者にとって、僕の出演したコーナーは淡々と進行し、何事もなく大団円を迎えたように見えていただろう。僕の周囲でさえ、そのような感想ばかりだったのだから。だが事実は大きく異なる。

この章は、そのときに不意に巨大な修羅場に巻き込まれてしまっていた僕たちの苦闘に捧げようと思う。まずは時間の目盛を、放送日からさらに2ヶ月ほど前に巻き戻す。

――

収録に先立つ6月の前半頃だったか、市民参加型の科学を標榜する「シチズンラボ」というNHK番組の担当者から最初のコンタクトがあり、ほどなくしてZoomで最初の会合を持った。

それまでにNHKで「からだの錯覚」の研究成果が複数回取り上げられていたこと、そして4月に単著『からだの錯覚』を出していたこともあり、担当者は、僕のことを

――ごく当然のことではあるが――「からだの錯覚」の専門家として問い合わせてきた。僕は、いつものように「からだの錯覚」の専門家としての社会的人格を巧みに演出しながら、シチズンラボの文脈でこそ意味を持ちそうな市民参加型の実験について、2、3のアイデアを捻り出していた。

しかし、本当のことを言うと、「からだの錯覚」について話している僕の頭の中は、はるか上の空にあった。ちょうど同じ時期に大学の授業の中でオリジナルの教材として実施していた、別の実験のことで頭がいっぱいだったからだ。数十分のやり取りがあって、打ち合わせが終わろうという段になって、僕は耐えきれなくなってついに口火を切った。

「ところで、今、授業でむちゃくちゃ面白い実験をやっているんです。ちょっと見てみませんか?」

そうして、僕は直前にTwitterにアップしていたある実験の映像を見せた。実のところ番組の担当者たちは、事前にその映像を確認していたらしく、僕の話を聞いて(待ってましたとばかりに）明らかにテンションが上がっている。そんな様子を見て僕もまたニヤリとする。

その瞬間、この企画は、強力なクラウチングスタートで走り出したのである。

生きているものたちのリズム、しなやかなメトロノーム

そのむちゃくちゃ面白い実験のことを思いつき、そして初めて実演したのは、実際はその1年も前の2022年の授業でのことだった。

その授業は「メディア工学」という名称で、大学に赴任して以降、大学3年生向けに開講し続けている、僕にとっては古株の授業である。15回の授業のうち4～5回は「生きているものたちのリズム」というテーマを扱っている。これは、人間の中に無条件に潜んでいるさまざまな傾向性のうち、「生物であること」に由来する特性に焦点を当てようというものだ。最終的には身近な風景の中から「生きているものたちのリズム」を

独自に探し当て、計測し、数量的に検証する課題に取り組んでもらう。

「生きているものたちのリズム」の中で重要なテーマの一つが、集団による同調効果である。人は、集団の中にいることで、否応なく、周囲の振る舞いに同調するように方向づけられる。それでも、これは人間にだけ起こるわけでなく、人間を含む生物一般の特性でもあるし、さらに言えば生物を含むボディを有するモノ一般にまで適用できる、極めて原初的な効果である。


例えば、電気的に周期だけ同一となるように設定した大量のメトロノームを、(天井からワイヤーで吊るすなどして)地面から浮かせた単一の平板の上に並べてみる。すると、はじめバラバラだった針の運動は、ある時点から急速に足並みを揃え始め、せいぜい数分後には、全てのメトロノームが同調し、一糸乱れぬ愛国的な行進へと変貌する。この効果は、数理的には微分方程式によって記述可能であるが、ここでは——読者の体感に訴えるような——少し直感的な説明をしたい。

あなたは今、大きく左右に揺れる吊り橋の上にいる。立ったままでこの難局を乗りきるには、大きく傾く地面に対して垂直な姿勢を維持して、地面からの十分な反力を受けることが望ましい。そうであれば、吊り橋が右に揺れているときには右足を、左に揺れているときには左足を、膝をピンと伸ばしたままで交互に接地させるのが賢明だ。

このとき、あなたは吊り橋によって左右に揺らされているとともに、自らの両足を使って吊り橋を左右に揺らしていることになる。要するに、吊り橋と両足は相互に結託して、巨大な揺れを作り出しているのである[*3—a]。

この安定した状態を維持するために、あなたが引き続きなすべきこととは何だろうか。仮に強靱な意志を発動して何か余計なことをすれば、両者の良好な関係は崩れてしまうだろう――ブランコを大きく漕いでいるときのことを思い出してほしい――。思考に溺れてバランスを失いそうになったあなたは、やがて何も考えないことこそが最良の策であることを悟るはずだ。

何も考えていないメトロノームがやってのけていたことも、ほとんど同じことだ。メトロノーム同期の映像をスローモーションで見てみると、平板の微細な揺れとメトロノームの針の動きは、全く同じ方向で同期していることがわかる。メトロノームにとっては、土台の揺れにただ流されることこそが、自身を最も安定させる方法なのだ。

それでもこの揺れは、もともとは（あったとしても）ほとんど微細なものだったはずだ。最終局面において全てのメトロノームの針を圧倒的な力で屈服させていた巨大な揺れは、実のところメトロノームの側で、少しずつ参加者を募りながら、わずかな揺れの萌芽を着実に育んでいった（そして当初は並存していた数多の別の萌芽を一つ残らず潰していったことによる）成果なのである。

無論、このような適応はメトロノームが――全く精巧に定められたリズムを刻む――本来の仕事を果たしている限り不可能だ。実際には、車の中でぶら下げられたキーホルダーのように、躯体の揺れによってメトロノームの周期は一時的に狂ってしまう。それでも、この種の仕様外の条件に直面することで、かえってメトロノームは「生きているものたち」に昇格する。周囲の声に即応するしなやかさこそが、集団で同調する者たちの第1の条件であるからだ。

第2の条件はメトロノームの外部にある。この実験では、土台が天井からぶら下げられていることが何よりも重要だ。実際、その辺にある机の上に多数のメトロノームを並べてやったところで同じような同調が起きるはずもない。支持体の揺れがなければ、現時点でどの位相の揺れが最も有望株であるかを周囲と伝え合うことができないからだ。

吊り下げられた平板は、メトロノームにとってのいわばオンライン空間である。政府に反旗を翻す少数の民の声が、ＳＮＳを通じてやがて巨大な市民運動に発展するように、足場のミュートされていない地面は、メトロノームからの雑多な声を一つにまとめあげることができる。彼らを再びグループを持たないバラバラの集団に巻き戻したければ、板を吊っているワイヤーを切断してしまえばよい。彼らは自分自身の中に閉じ込められ、しばらくすると、バラバラのリズムが復活するにちがいない。


この「生きているものたち」による同調を授業で実感してもらうために、僕は突如、教壇の上で手拍子を始め、学生に対して僕と同時に手を叩くように促すことがある。

ノソノソとしたゾウの行進からサバンナを疾走するチーターの速度へ、再び折り返してゾウの世界へ。目まぐるしくリズムの速度を動かして、学生の必死の追従を振り払おうとするも、教室に密集する数十からときに百を超える乾いた10本指のシンバルの合奏は、まるで大空を急旋回する鳥の群れのように、見事に組織立って移動するリズムの間を埋めていく。僕はといえば、巨大な楽団の指揮者になったかのような優雅な気分だ。

即席の楽団を作り上げた学生が自らの成果に満足しているところで、指揮者である僕はさらに意地の悪い提案を行う。今度は僕の手拍子と合わないように手を叩いてくださ い、と。

すぐさま学生は、この課題がいかに難しいかを理解する。先ほどとはまるで異なり、僕の手拍子が平均的な速度で一定のリズムを刻んでいるときでさえ、その間隙を正確についた一撃を放つためには、どれほど強く意識を集中させる必要があるかを思い知らされるのである。ここでもまた、場のリズムとの同調から逃れるには、かえって強靱な意志の力が要求されることがよくわかる。

この一連の手拍子課題は、授業の枠内で集団的同調を体感してもらうのにうってつけなのだが、一つ物足りない点があるとすると、授業の中で、個々の手拍子のタイミングを正確に記録する方法が思い当たらないことだ。「メディア工学」の名を冠した授業であるからには、集団としての手拍子が、偶然ではあり得ない同調のレベルに達しているか否かを数量的に検証できることが望ましい。

集団的同調を体験しつつ、同時に計測し、さらには検証まで行う。そんな授業は可能だろうか。これは、僕自身の教員としての長年の課題だった。そして、その難題を一気に解決したのが、例のむちゃくちゃ面白い実験だ。

初めての実験、窮屈に押し込められたシャッターの音塊

実験にはカメラの搭載されたスマートフォンと、授業でスライドを映すのに使われるスクリーンが用いられる。いまどき、全ての学生がスマートフォンを所持しているし、スマートフォンには何の断りもなく高機能なカメラが内蔵されている。そして教室にはスクリーンが設置されている。授業中である限り、そして舞台が現代である限り、この実験は速やかに実行に移すことが可能だ。

スクリーン上には、課題の経過時間を示す横長のインジケーターが映し出されている。GUIの世界では「プログレスバー」あるいは「プログレスメーター」と呼ばれるものだ。90度傾いた透明のガラスのコップにオレンジジュースが注がれていくように、

20秒かけて、オレンジの「塗り」が横長の背景を左から右へとゆっくりと埋めていく(図3―A)。

インジケーターの中央には、課題開始からの経過時間が小数第一位までの秒数で表示されている。学生は、徐々に成長するオレンジ色の四辺形の右辺が、背景の左端から出発し右端に到達する20秒までの間に、スクリーン上の数字をスマートフォンで撮影するように指示される。撮影は好きなタイミングで行ってもらう。ただし、撮影回数は1回きりだ。

ありがたいことに、個々の学生が撮影した時刻の証拠写真は、スマートフォンに勝手に保存されている。課題が終わってすぐ

図3-A ｜(集団)フリーシャッター課題

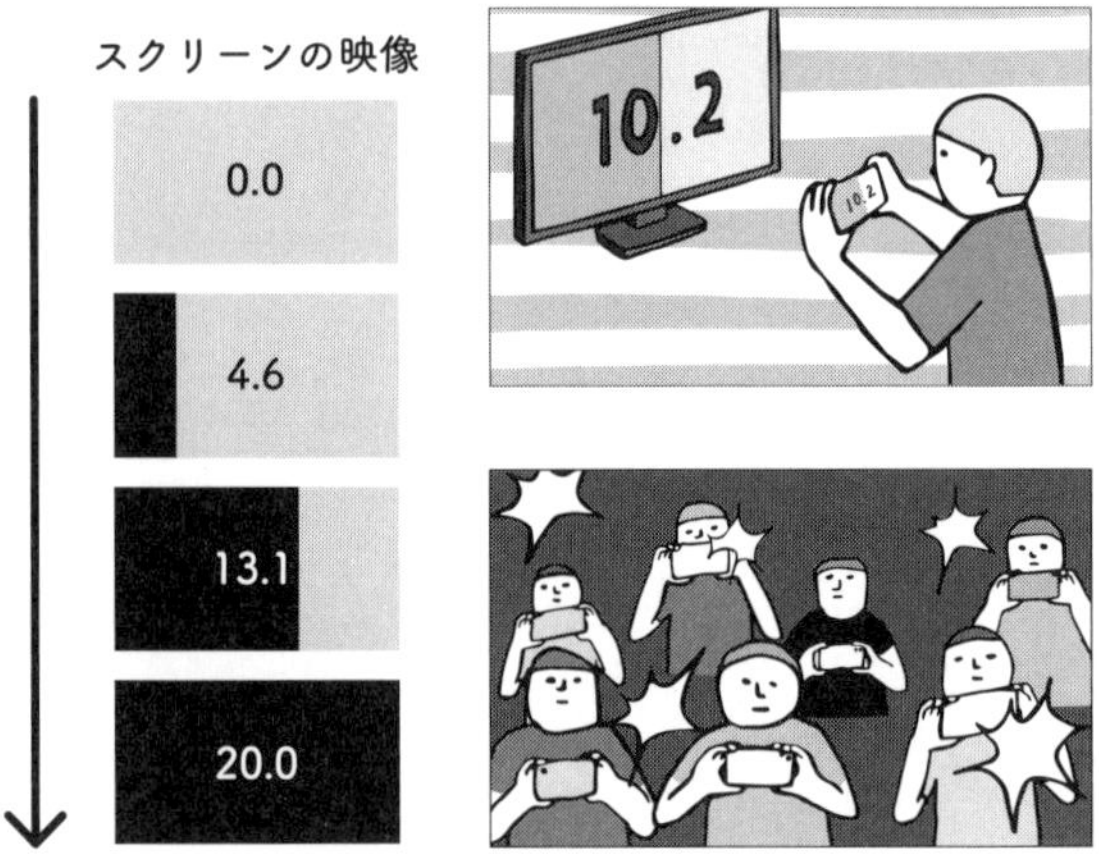
時間の経過とともに左から右へ
“塗り”が広がっていく

に、あらかじめ準備しておいたGoogle Formsなどのクラウドサービスに、証拠写真から照合した撮影時刻を登録すれば、たちどころに、受講者全員の撮影時刻の時間分布（ヒストグラム）を一望することができる。こうして、体験と計測と検証の準備は整った。

我ながら、なんとエレガントな実験のアイデアだろうか。

———

少し話が逸れるが、この種の実験設計が現代の情報インフラの整備なしでは考えられないことは明らかである。２０２３年現在、誰もが高機能なカメラを内蔵したスマートフォンを所持し、時と場所を選ばず、インターネットに常時接続できる環境にある。そんなことは、ほんの数年前まではまるで考えられなかった。

大学の現場にいれば、この種の革新がコロナウイルスのパンデミックによって後押しされたことは誰もが知っている。要するに、２０２２年になって突如、僕にこの実験のアイデアを着想させた、その成果の一端は時代の側にこそある。

この実験を最初に行ったのは、２０２２年の5月18日である。受講生の数は48人。このときの映像は、僕の翌日のTwitterの投稿で今でも確認することができる（図３-ＢのＱＲコード）。

口頭による必要最小限のわずかな教示の後で、すぐさま3秒のカウントダウンが始まる。僕にとってこれは意図的で、「あまり考える隙を与えない」というのがこの実験条件の肝だった（なお、以降の実験ではカウントダウンの時間はすこし増えて、５秒で統一している）。

映像を確認してみるとわかるように、インジケーターが動き始めてまもなく、記者会見で耳にするようなシャッターの音塊が勢いよく飛び込んでくる。無論、この課題はシャッターの早押し競争などの類ではない。いったい、何をみんなそんなに先を急いでいるのだろうか。それでも、このあまりに頭でっかちなシャッターの音塊を浴びているとき、僕は内心でガッツポーズを決めていた。これが集団の効果でなくて何だというのだろうか。

このときの実験結果を見てみよう（図3‐B）。映像の印象と実際に一致することには、最初の2秒から3秒ほどのあいだに、大量のシャッターが集中している。実際、最初の5秒で48人中22人（45・8％）が、さらに最も集中しているところでは、2・2秒からの1秒間で48人中14人（29・1％）がシャッターを押している。わずか5％ほどの狭い隙間の中に、3割近いシャッターが窮屈に押し込められているのだ。数理的な解説は後ほど行うとして、このレベルの同調が偶然を超えて歪《いびつ》であることは、一見して明らかである。

好きにボタンを押してください、とはいうけれど

その実験課題のことを、僕は「集団フリーシャッター課題」と呼んでいる。かいつま

んで言えば、集団の中にいる個々のメンバーが、フリー（自由）に何らかのアクションを行う、そういう課題である。制限時間があることを強調したければ「時限付き」というキーワードを挿入してもよいだろう。一人や少人数でも参加することができるので、ときには単に「フリーシャッター課題」と呼ぶこともある。

それでも「フリー」という言葉を外すことはあり得ない。なぜなら、僕たちの「自由」が（集団を含め）どのような環境要因によって脚色されているかを問うことは、この実験のコンセプトにとっての根幹にあるからだ。

図3-B ｜ 世界最初の集団フリーシャッター課題の結果

課題開始後2.2秒からの1秒区間に、20％のシャッターが観測されている。実際の実験の様子（教卓の側から撮影）をQRコードから確認できる。

以下では集団の問題からひとまず離れて、「好きに何かを行う」ときに一般的に起こっていることについて考えてみたい。

この問題を考えるうえで、うってつけの実験パラダイムがある。それは「リベットの実験」と呼ばれ、（その名の通り）ベンジャミン・リベットが、1980年代前半に論文誌に発表した一連の実験に端を発する。彼自身は神経科学者であったが、この実験の反響は自然科学領域を飛び越え、哲学や法学といった人文科学の領域にまで及んだ。その特異なインパクトは、実験の報告から40年以上も経過している現代にあってもなお健在である。

リベットの実験パラダイムにおいて、実験参加者は「ボタンを押したくなったら押してください」「指を曲げたくなったら曲げてください」というような、一度きりの単純行為を好きなタイミングで実行するように要求される。この際「何秒以内に行ってください」というような制限は与えられないのが普通だ。それはこの課題が、実験参加者による——何者にも拘束されることのない——自由な意志を取り出そうとすることを意図しているからだ。

リベットの実験では三つの時刻が記録される。一つ目は当人がボタンを押そうと思った時刻（T１）、二つ目はボタンを押すこと全般に関わる脳内活動の開始点（T２）、三つ目はボタンを押す手指の物理的運動の開始点（T３）である。

この三つの時刻の中で唯一、T１の計測については主観的な報告に頼るほかない。典型的には、その瞬間に見ていた数字や記号などを当人に記憶してもらうことでT１は記録される。このT１こそが、「自由意志が発動した時刻」と想定されるものだ。

当時の素朴な考え方に従えば、自由意志が発動し、その後で脳内で適切なプログラムが起動され、引き続き特定の運動が起動するはずだった（T１→T２→T３）。ところが複数の試行の脳活動を平均化してみると、T１以前に何らかの顕著な活動が立ち上がっていることは明らかであった。要するに「ボタンを押そう」と思う前段で、すでにして「ボタンを押そう」と思わせる信号が脳内で発せられているということだ（T２→T１→T３）。

あなたが何かをしようとするとき、実際には、脳内の何者かがあなたに何かをさせようとしている。これが事実であれば、出来心で何らかの悪事を働いてしまった人間に対して、どうやって責任を問えるだろうか。心身健康な者であれ誰であれ、僕たちはみな、現代の法律では責任能力を問われることのない重篤な精神疾患を抱えていることにはならないか。

リベットの実験が分野を超えた論争を巻き起こすこととなった背景は、例えばこんなところにある。要するに、これらの結果は、近代以降の人間観が前提としている「責任ある主体」に対して決定的な疑義をつきつけるものであったのだ。

ところで、一度でも「好きな時間にボタンを押す」課題を自らに課してみればわかるが、当事者の体感としては、この結果（T2→T1→T3）はそれほど不思議なものとはいえないはずだ。ぜひ一度試してもらいたいのだが、ただただぼーっとしている状態

から、「ボタンを押そう」という段階に突発的に至るなんてことは端的に言って不可能だ。

そもそも「ボタンを押そう」状態に入るには、「ボタンを押そうと思おう」と思っていなければならないし、その段階からさらに一歩進んで、最終決定としての「ボタンを押そう」の段階に進む過程では、――一定の間隔を空けて高速に目の前を通り過ぎていく観覧車の中へと、タイミングを見計らって飛び乗るかのような――アクション俳優も顔負けのトライアンドエラーが頻繁に繰り広げられている。

要するに、このような非日常的な課題において、「ボタンを押そう」の前段で準備的な活動の反映として脳がざわついているのは、当事者の内観と必ずしも乖離したものではない。

この種の、決定的な意志が発動する前段階に生じている脳のざわめきのことを準備電位という。準備電位と自由意志の関係は、波とサーフィンの関係に似ている。次々と打ち寄せる波が準備電位であり、その波にうまく乗ることができたときに自由意志の感覚が生じる、といった具合だ。

サーファーは、自分自身で波を引き起こすことができない。それでも、ほどよく波が打ち寄せている状況であれば、サーファーは、自分自身の力で波を引き起こせないことを嘆いたりなどしないだろう。むしろ、いつやってくるかわからない大波の上を首尾よくサーフできた時にこそ、強い自由の感覚が生まれる。そういうふうに自由はできている。

海の中では、次に到来するであろう大波の予兆が至る所で発生している。同様に、脳内のざわめきを見ていれば、あなたが自由意志を発揮しそうなタイミングとその内容を、前もって推し量ることが可能だ。ある報告では、左右の指のいずれかを使ってボタンを自由に押す課題で、「押そう」という意志が生じる7秒前の神経活動を見ると、どちらの指でボタンを押すかがすでに（60％程度の確率で）予告され、5秒前の段階からボタンを押すタイミングもまた予告され得るという。

脳科学によって、こうしたスキャンダラスな脳内現実を次々と告発されてもなお、人々の日常は何一つ変わっていないように見える。僕たちは、自分のことを準備電位に操られたロボットなどと卑下することはないし、「たった今」起きている主観世界の喜怒哀楽に相も変わらず振り回され続けている。

この点については複数の説明が可能だろう。哲学界隈での典型的な言説として、準備電位と意志発動の関係は（ランダムではないにせよ）確率的であり、準備電位の提案を拒否する自由に対して常に開かれているというものがある。この種の「自由拒否」こそが自由の感覚を象っているというアイデアは非常に説得的である。

他方で僕自身は、仮に（閾値以上の）準備電位がほぼ確実に特定の行為を発動させようと、準備電位を引き起こした黒幕が当人にとって不明な限り、やはり自由の感覚は無傷なのではないかと考えている。

実際のところ、個々の準備電位の原因を探ろうというのは、まさに一つ一つの海流の原因を同定しようとするほどに馬鹿げた試みだ。黒幕が不明である限り、身内で生まれている準備電位を「自分自身の成果」とみなすことにどんな問題があるだろうか。仮に、準備電位が首尾よく可視化されるようなことがあれば、僕たちは、準備電位そのものを自らの自由意志であると意識的にみなすような、新しい時間感覚を有する「人間2・0」に生まれ変わるのかもしれない。

とまぁ、このような調子で、リベットの実験をめぐる議論は、分野を超えて哲学好きの人々をさらに饒舌にさせてしまうという大きな罠がある。僕はと言えば、哲学にうまく馴染めないままこの歳までできた類の人間だ。そんな僕にとっては、手垢にまみれた思考実験をグツグツと煮込み続けるような不得手な忍耐力を発揮するよりも、料理の風景を一変させるような新しい具材を探しに実世界へと飛び出す方がよっぽど性に合っている。

集団フリーシャッター課題は、まさにそのようにして見出されることとなった魅力的な具材だ。この実験が、自由をめぐる議論にどのようなさざ波を引き起こすことができるだろうか。先を急ごう。

集団を使って緊張を突破しようとする者たち

集団フリーシャッター課題は、リベットの実験のフォーマットに時間制限と集団の二つの要素を新たに持ち込んだものと言える。さらに言えば、記録される時間は、シャッターを押した時間（T3）のみだ。準備電位（T2）なり自由意志（T1）の正確な時間を記録することに（少なくとも現段階では）関心はない。強いて言えば、T1はT3の直前にある——要するに、シャッターを押す直前に自由意志が生まれる——と仮定してそれほど問題はないだろう。

リベットの実験の言葉遣いを借りると、集団フリーシャッター課題において観測される集団同調は、外的に設えられた準備電位によるものであると言えよう。集団によって作り出された荒波の中にあって（狭いプールの中でクラス全員が、身体を上下させている様を思い浮かべてほしい）、突発的に訪れる高波によって、自由意志が発露しやすい状況にある、そのような具合だ。

ところで、集団を使って自由意志を発動させやすい状況を外的に設えることは、実際に僕たちがよくしていることでもある。どういうことだろうか。

もともと僕が集団フリーシャッター課題を着想したのは、授業中に学生がスライドを撮影するシャッター音が時間的に同調しやすいことに気がついたためである。

スライドはいずれ次のスライドに切り替わる。こうした時限付きの状況で、しかしあまり悪目立ちしたくない学生が、誰かのシャッター音に勇気づけられてシャッターを切る、ということはいかにもありそうだ。あるいは、当人がまるで授業の内容に関心がなくとも、周囲のシャッター音につられるように——何やら大事なスライドなのかもしれない——、ひとまずシャッターを切ることもあるだろう。

あるいは、こういう例はいかがだろうか。ぶらぶらしていた商店街で偶然にも、好きな俳優がテレビ収録に参加している現場に立ち会う。単独でシャッターを切るのはさすがに憚《はばか》られる小心な彼女も、野次馬が現場をぐるっと囲み、そこかしこでシャッター音が聞こえ始めれば、どさくさに紛れてシャッターを切ることに成功するだろう。

それでも、シャッターの嵐をつくり出している者のうちの数割は、その俳優の名前も顔も知らないような者たちだ。要するに、集団に紛れることで、当の対象に関心のある者にとっても関心のない者たちにとっても、シャッターチャンスは格段に高まる。集団フリーシャッター課題は、当初、まさにこの問題を扱おうとするものだった。

後者の例は、集団に特有の犯罪心理を思い起こさせる。よく知られているように集団には犯罪を焚きつける効果がある。かいつまんで言うと、集団がしていることは、本来であれば罪悪感の兆候として解釈されるはずであった不吉な情動のさざ波を、集団による高揚感の顕れであると錯覚させることだ。

そうであれば、実際に犯罪を焚きつけているのは、集団そのものではなく、「〇〇による高揚感」の方であることがわかるだろう。〇〇に代入されるものは、高揚感を何らかのかたちでつくり出すものであれば、何でも構わない。試しに、〇〇に偽薬を代入して、その顛末をのぞいてみよう。

1971年に行われた偽薬実験では、95人の学生が、偽薬（ゼラチン）を投与されたのちに筆記テストを受ける。この際、監視の不在など、わざとカンニングのしやすい環境が用意されている。偽薬の投与にあたって事前に、情動的副作用または非情動的副作用のいずれかの虚偽の副作用を教示しておくと、一方のグループでカンニング率が高まることがわかった。学生たちを不正に誘《いざな》ったのは、どちらの副作用だろうか。

少し補足しよう。「情動的副作用」のラベルには心拍数の増加・手の震え・発汗・顔の火照り・胃の緊張といった興奮性の生理作用の記述が並び、これとは反対の「非情動的副作用」のラベルの記載は、あくび・まばたきの減少・目の疲労といった内容である。繰り返すが、これらは、どちらにしてもまったくでたらめの内容だ。実際に投与されたのは毒にも薬にもならないゼラチンなのだから。

正解は情動的副作用である。偽薬によって自らの生理的興奮が高まると信じていた者たちは、進んでカンニングの悪に手を染めた。論文によると「非情動的副作用」グループのカンニング率は27・1％に抑えられた一方で、「情動的副作用」のグループでは49・

0%までに高まった。男性に限ると17・4%対56・5%と、とりわけ大きな差がみられている。

監視の存在しない環境で、否が応でも焚きつけられるカンニングへの誘惑を、それでもギリギリのところで踏みとどまらせるのが、罪の意識をしるしづけようとする生理的な興奮である。犯罪の自由意志なるものを執行するには、胸部を間断なくドクドクと打ちつける耳障りな警報を突破しなければならない。

「情動的副作用」のラベルは、その生理的興奮を、罪悪感ではなく偽薬の副作用に帰属させる。私がドキドキしているのは、あの薬を飲んだためだ、と。本来であれば人々を震え上がらせる警報であったはずのベルの音は、一転して、隣家から漏れ聞こえてくる目覚まし時計ほどの意味しか持たなくなるだろう。結果として、犯罪の自由意志が発動するにあたっての障害は一掃されてしまったのだ。

それもこれも、生理的な興奮それ自体が、全くの無色透明であるために、その時々の文脈に応じて「いいように使われてしまう」ことこそが根本的な原因である。

集団が犯罪への閾値を下げることも同じ理屈で説明できる。私がドキドキしているのは、仲間と一緒にいることによる高揚感によるものだと考えた彼ら／彼女らは、むしろ仲間に対する忠誠を示すかのように、進んで犯罪に手を染めていく。自然の警告を心理的に突破しようとするのに、集団心理ほど心強いものはない。こうした設計された錯乱こそが、集団が歴史的にさまざまな奇跡や悲劇を生んでいる背景である。

授業の外に飛び出した集団フリーシャッター実験

最初のNHKとの打ち合わせから約2週間後、再びNHKより参加を打診されたZoom会議の画面には、新たに3人の研究者（阿部真人先生、児玉謙太郎先生、村上久先生）の顔が並んでいた。どうやら、集団フリーシャッター課題を番組で扱う方向で動いているらしい。

僕よりもひと世代前の彼らは、集団の数理を扱うスペシャリストであり、この種の実験を監修するのに十分な素養を持ち合わせていた。さらに加えるところがあるとすると、その若い研究者仲間は、――事後に判明したことではあるが――少々癖ありの研究を好むという側面もあった（3人のうち2人はあの郡司ペギオ幸夫研究室出身である、と言えば伝わる人には伝わるだろう)。何より重要なことには、この分野で顕著な実績のある彼らもまた、この実験のアイデアを非常に面白がってくれた。

そんなわけで、授業の教材として発想された集団フリーシャッター課題は、発案からわずか1年ほどのあいだに、突如、強力なタレントを揃えた有望なプロジェクトへと変貌を遂げていたのだ。

プロジェクトの最初の仕事は、集団状況下におけるシャッターの嵐を、より巨大な実空間環境で観測することだ。実験の舞台はNHKの側ですでにセットされていた。目標とされたのは、1ヶ月後にNHKホールで開催される、およそ2000人の高校生が集うイベントである。開会式直前の数分間を拝借して、ステージ備え付けの大型スクリーンに例のインジケーターを映し出し、集団フリーシャッター課題を行ってしまおうという算段だ。実験は、NHK所属のアナウンサーによって進行されるという。なんという大胆な計画だろう!

それから数回のZoom会議、さらには細かなメールでのやりとりを経て、そのNHKホールでの実験は実演された。テレビ撮影の都合もあり、児玉先生と僕は、朝早くに行われた開会式前の実験に現地で立ち会う機会に恵まれた。ものの数分で終わった実験の後、午後は別室に移り、その時点で集まっていた700人超のデータを使って、シャッターが押された時間の分布をグラフ化した。ここまでがその日の仕事である。

後に放映されたテレビ番組の短い予告映像では、パソコン上で出力されたばかりのグラフ画像を目にして、「これはやばい」と叫んでいる僕の姿が晒されている。この反応は、事前に僕たちがどのような結果を期待していたかと関係している。結論から言うと、実験の結果は、僕たちの期待に沿うものであり、同時に期待を突き抜けるものでもあったのだ。

よい機会なので、ここらで僕が自分の授業の中で行ってきた5回の実験で観測されたシャッター時間分布をまとめてみよう。参加者は一番少ないもので44人、一番多いもので118人である（図3-C）。

開始直後にシャッターが集中する傾向は、どの実験でも共通して見られる。前半の5秒でシャッターを押した割合（本書ではQ1と呼ぼう）は、参加者数の多い順から、60・2％、40・6％、55・9％、44・7％、65・9％といった具合である。平均的には、半分程度の人が序盤の25％区間でシャッターを押していることになる。このような

図3-C ｜ 講義中に行った集団フリーシャッター実験の全記録

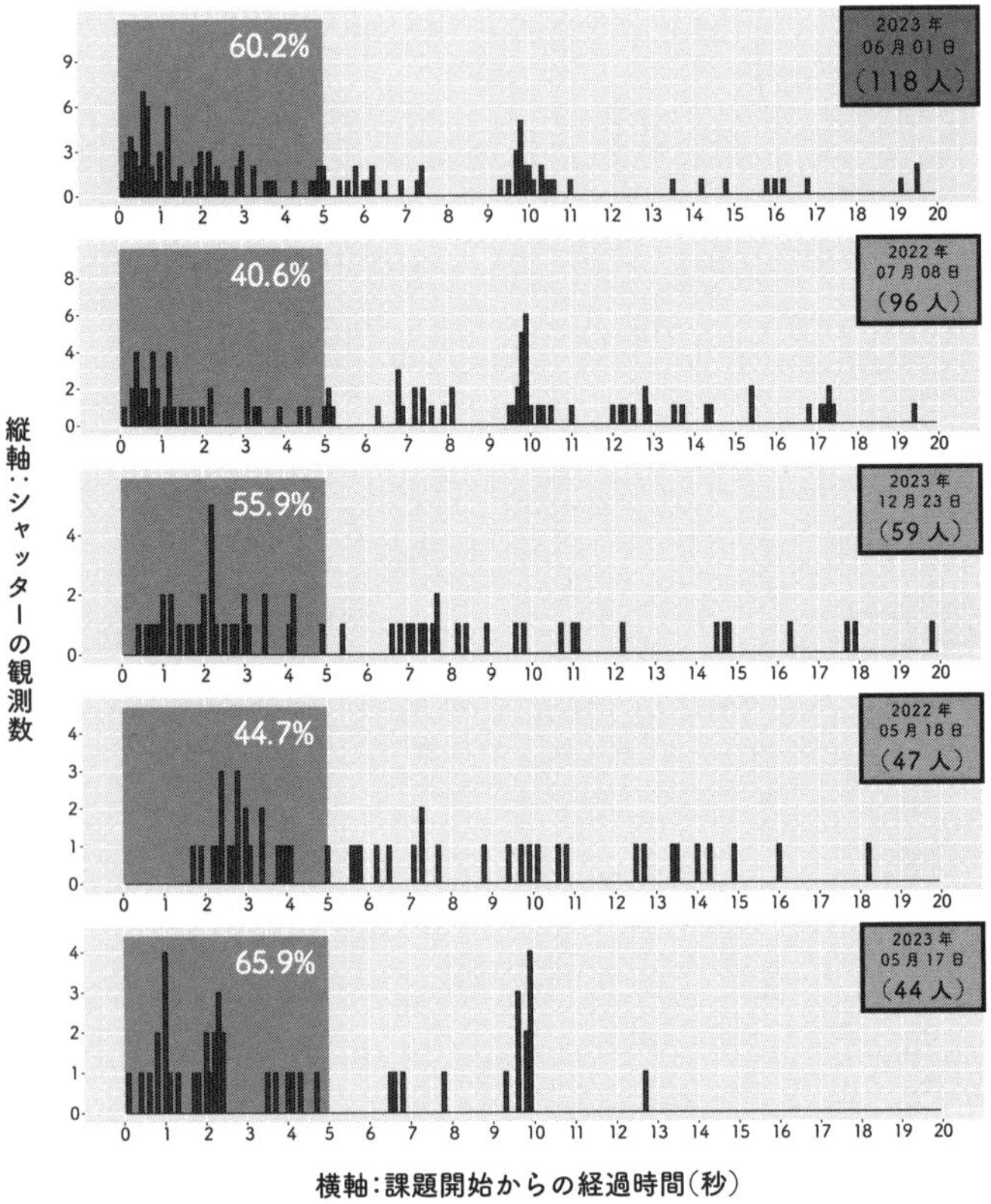

パーセント表示は、前半5秒（0〜4.9）でシャッターが押された割合。シャッターのタイミングに偏りがない場合、25％が期待値（ベースライン）となる。全ての実験環境で、ベースラインを大幅に超過して、前半にシャッターが集中していることがわかる。118人で行った実験の様子はQRコードから映像で確認できる（この映像では、20秒間に3回シャッターを切るタイプの実験の様子も収録されている）。

序盤に集中する傾向は、２０００人を超える環境でも再現されるのか。これが一つ目の注目点である。

次に注目したいのが、「もう一つの山」である。五つの実験のうち、三つの実験では明らかに真ん中の10秒付近にシャッターが集中している（これをミドルピークと呼ぼう）。実を言うと、このミドルピークは（先に紹介した）２０２２年に行った最初の実験では見られなかったものである。ミドルピークの観測された実験では、もれなく横長のインジケーターの真ん中（10秒のライン）に細い縦線が入っていたことから、ＮＨＫホールの実験で扱うインジケーターからは中心線を消去することとした。果たして、ミドルピークは、２０００人超の巨大な空間でも観測されるだろうか。

いよいよＮＨＫホールの実験結果を解説する。図３-Ｄを見てほしい。有効データは１０９３人であった。[*3-b] 僕が当日の午後に目にしたのは、これより３００人ほど少ないデータによるものであったが、見た目の印象はほとんど変わらない。

まず目に入ってきたのが序盤の3秒ほどの区間に隆起した、分厚く切り立った巨大なシャッターの山である。これまでに授業の中で扱ってきた、（最大でも）１００人前後の規模のサンプルがまるでスカスカに見えてしまうほどの、圧倒的な鉄の塊である。

続いて注目したのが、これとは別の二つの山である。一つ目は、例のミドルピークだ。インジケータ中央の縦線を消して臨んだ実験ではあったが、そんな実験者の配慮などお構いなしに、10秒付近には再び明確なピークが観測された。どうやら、10秒でシャッターを押したくなる心性は、かなり根深いものであるらしい。

二つ目の山は、シャッターのデッドラインである、20秒の終了間際に突如出現していた。初めて見るものではあったが、理由はおおかた予想がつく。終了間際にシャッターを押していなかった人たちが大挙して押し寄せたのだろう。英語で言うところの「Last-minute Rush」というやつだ。それでは、なぜこれまでの規模の実験では観測されなかったのか。

グラフが示すこれらのありあまる特徴をひと通り認めた僕は、前述のように「これはやばい」と漏らさずにはいられなかった。というのも、こうした特徴の顕れ方の背後に、集団の強靱な意志のようなものの存在を直感したからだ。とはいえ、これらの結果をまとめて、「これが集団の効果だ」とすごんでみたところで、まともな科学者は取り合ってくれない。

　実際のところ、ある程度統計的な訓練を積んだ者であれば、NHKホール実験におけるシャッターの時間分布（ヒストグラム）が、完全にランダムな出力を超えて歪んでいること自体は、（解析にかけてみるまでもなく）明らかではある。それでも、それぞれの偏りが、単なる（と言っては失礼だが）人間の効果の範疇で

図3-D | NHKホールで実施した集団フリーシャッター実験の結果

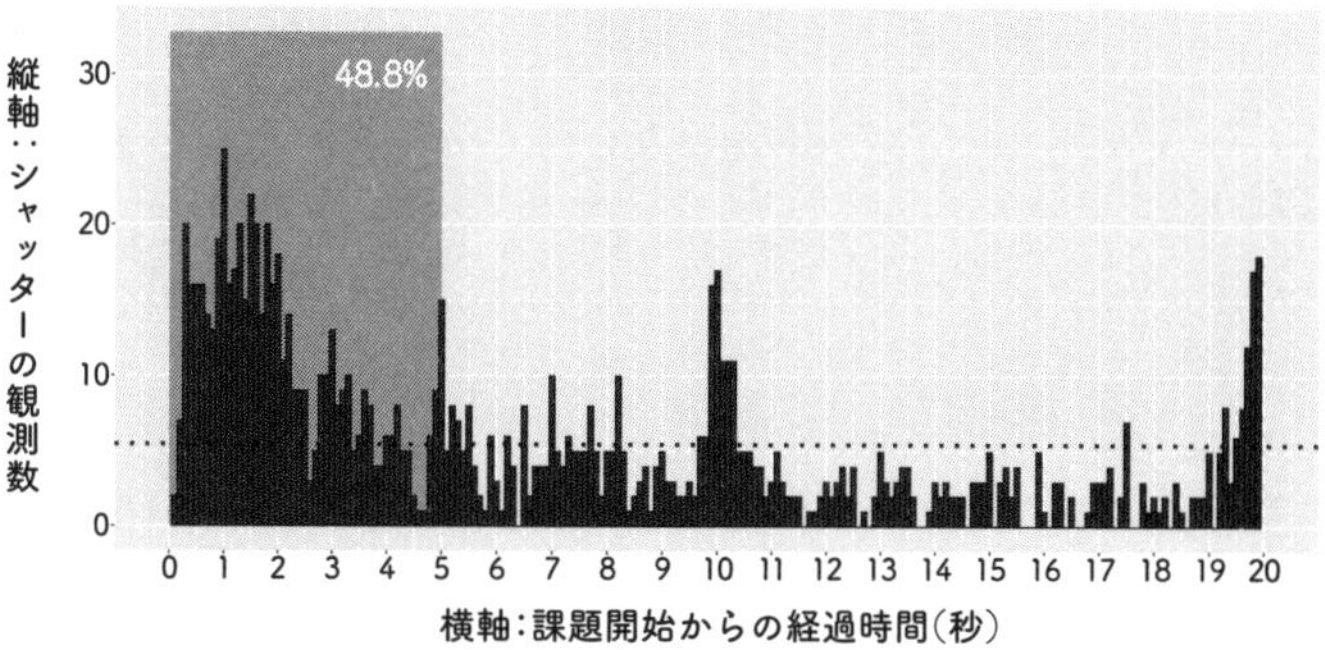

約2000人が参加した実験より、1093人分のデータが集計された。パーセント表示は、前半5秒（0～4.9）におけるシャッターの割合。ほぼ半分の参加者が、前半の5秒でシャッターを押していることがわかる。

生じているものである可能性は、全くもって捨てきれない。要するに、単独でゲームに参加した人間のシャッター時間を同じだけかき集めてきても、同じような偏りが生じるかもしれないではないか。

それでもなお集団の効果を証明するためには、分布の偏りが、非集団条件と比べて、集団条件で確かに強くなることを示さなければならない。

集団心理は本当にシャッターチャンスを高めているのか？

この疑問に応えるべく実施されたのが、NHKホール実験のわずか20日後（!!）に実際に行われた、例の生放送実験である。

この章の冒頭で記したように、僕はこの番組に生出演していた。この中で、NHKホール実験と全く同じ素材による、（非集団条件の）フリーシャッター課題が行われたのだ。その実験の参加者は、なんと、日本全国に散らばるテレビの視聴者である。個々の視聴環境における参加者数は、一人か、複数いてもせいぜい数人であろう。これで擬似的に非集団条件のデータを大量に集めることができる。
全国で個別に観測されたシャッター時間を全て集計したときに現れるシャッターグラフは、果たしてＮＨＫホール実験によるものとどう違うのか。はたまた同じなのか。

―――

僕たちの実験が取り上げられたのは、その生放送番組の最後のコーナーで、時間としては12分ほどの尺だった。タイトルコールに引き続きアナウンサーによる丁寧な実験説明が行われた後で、いよいよフリーシャッター課題の時間である。おそらくは放送史上に残る完全なる無音の20秒の間、全国津々浦々の食卓でテレビ画面に向かって無数のシャッターが放たれていたはずだ。何とも感慨深い。
実験が終わるとすぐに、ＷＥＢ上の集計用コンテンツへと誘導するＱＲコードが案内され、シャッターを押した時間に加えて、三つの参加者属性（性別、年齢帯、周りに人がいたか）の情報が、インターネットを通じて集計された。集計自体はわずか５分ほどで締め切られたのだが、集められたサンプルは２万人をゆうに超えていたのだから驚きだ。

　実験中にカメラとして活躍していたスマホは、その後の集計では、インターネット端末としての役割を果たしていたことだろう。参加者属性を見ればわかるが、10代未満から70代まで、あらゆる年代で十分なデータが集まっていた。これぞ、現代の高度に整備された情報インフラの成果だ。５年前であれば、どれほどのデータが集まっただろうか。


　集計が完了するまでの時間をつなぐように、番組では、すでに収録済みであったＮＨＫホール実験の様子が放送されていた。僕も登場していたＶＴＲが終わったところで、ようやく生放送での出番がやってくる。僕に求められていたことは、与えられた1分にも満たない時間で、実験のコンセプトを説明するとともに、たった今行われたばかりの2万人超が参加した実験の結果予想を述べることだ。集計結果は、僕の結果予想の後に引き続き発表され、答え合わせされることになっていた。

　現場でのディレクターとのやりとりもあり、予想解説は、開始数秒のシャッターの塊に関する話題に絞ることにした。仮にこの初期の熱狂が、集団による同調の効果であるとすると、非集団条件の生放送実験によって作り出される序盤のシャッターの山は、もっと痩せ細り、つぶれた形になるだろう。具体的には、NHKホール実験では約半分（49％）であったQ1は、より低い数字になるのではないか。

慣れないフリップを持ちながら、おおよそこのあたりのことを述べた。無論、これらの予想は、心強い3人の同僚研究者との議論の中で暫定的に紡ぎ出されたものではある。それにしても、まるで前例のないエクスペリメンタルな実験である以上、「予想通りになるだろう」という確証を得るに足る材料は全くと言っていいほどなかった。

全国のお茶の間にいる数百万人が注目する結果発表で、予想に反する平凡な結果が出てきたとき、僕はどのように取りつくろえばよいか。

――――

ひな壇の出演者による「シティズーン、パワー！」の掛け声とともに、およそ8分ほど前に放たれたばかりの、全国2万3000人分ものシャッター時間分布が表示された。結果は、僕たちの予想した通りのものとなった。いや、予想を超えて予想通りだった、と言った方が正確だろう。なんせ、これほどまでに予想にピタリとはまるなんて本当のところ全く思っていなかったのだから。

テレビ視聴者によるQ1は37％にまで抑えられていた。序盤の山は、上下に並置されたNHKホール実験のグラフと比較して、誰が見ても明らかなほどにつぶれ、そして痩せ細っていた（図3-E）。もはや解説の必要もないほどに。まるで出来レースである。

最悪の状況に備えて頭の中であれやこれ

図3-E　｜　集団フリーシャッター課題の結果
（上：NHKホール実験 vs. 下：生放送実験）

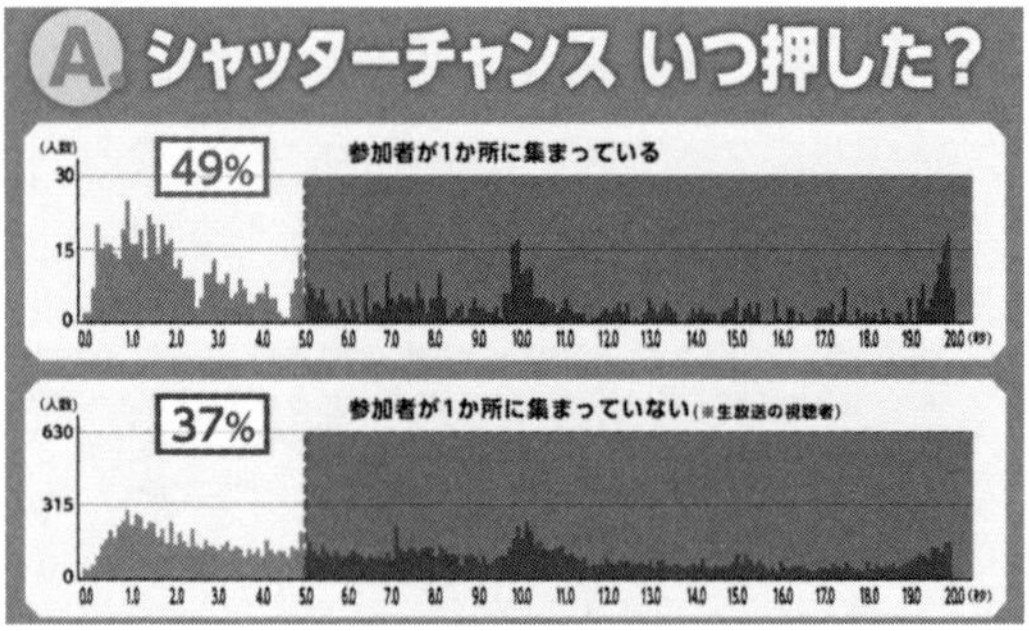

実際に生放送の番組（シチズンラボ）の中で速報で表示された画面。上がNHKホールで行った実験（集団条件、約1000人）、下が生放送中に全国の視聴者に対して行われた実験（非集団条件、約23000人）に対応する。パーセント表示は、前半5秒（0〜4.9）におけるシャッターの割合。

やと言い訳のシミュレーションをしていた僕は、あまりに予想と違わぬ結果を前にして、かつてないほどに強大な安堵感に襲われることとなった。本来であれば、全国の視聴者を巻き込んだ前代未聞の実験で、まだ一度も検証されたことのない仮説が立証されたことの興奮と熱狂を、感嘆の身振り手振りを交えて表現するべきだったのかもしれない。それでも、そのとき僕の身体からは、おおかたの気力が抜けきってしまっていたのだから、そのような演出を求めるのは酷というものだ。

こうして僕は、稀に見る大規模実験の結果に立ち会う決定的な瞬間にあって、生放送で生まれるはずだった濃密なカタルシスを全くもって伝えそびれてしまった。あの日の放送によって世界がほとんど微動だにしていない（ようにみえる）ことの責任の一端は、まぎれもなく僕自身にある。

幸い僕たち研究者には、もう一つの現場がある。これから論文という武器を携えて、世界をいま一度「あっ」と驚かせる用意はできている。以下では、その途中経過を少しだけ紹介したい。

自由意志はキリのよい時間に現れる

当初の目的に照らす限り、この一連の実験について最も注目すべきポイントは、集団の効果にある。序盤5秒のシャッター率であるQ1の上昇（37％→49％）は、そうした集団の効果を端的に示す指標の一つではあるが、学術的には他にもさまざまな観点で集団の効果を抽出することができる。現時点で、児玉先生を中心に予備的に解析された結果が研究会で発表されているので、興味のある読者は章末の参考文献にあたってほしい。

本章の最後で話題にしたいのは、この本来のコンセプトとは少し別の話だ。集団／非集団にかかわらずにみられる、人間固有のシャッター時間分布の特性について考えてみたい。20秒という限られた時間の中で、人間がシャッターを押す時間にはどのような癖が存在するのだろうか。

基準となるのは、シャッターを押す時間にまるで偏りのないシャッターゾンビである。このゾンビは、０・０から19・９までの２００の数字列のうちのいずれかを、全くの等確率で出力する。等確率といっても、その時々の偶然で、ある特定の区間にシャッターが固まることはある（もちろんその逆も）。それでも、その偏りの大きさはたかが知れているし、統計的には、参加するゾンビが多ければ多いほど、その偏りは無視できるほどに小さくなっていく（大数の法則）。

例えば、前半の25％区間において、数万人規模のゾンビが出力した場合のシャッターの割合は、せいぜい24〜26％に収まる。実際に、生放送実験に参加した人数とほぼ同数の２万３０００人のゾンビによるＱ１を手元のプログラムで10万回シミュレーションしてみたところ、最も序盤に偏ったものでも26・３％である。30％を超えるようなＱ１の偏りを生む世界線は、ゾンビによる秩序空間では文字通り万に一つも起こり得ない。

ここで再び思い出してもらいたいのは、生放送実験におけるＱ１である。ＮＨＫホール実験と比較してＱ１が10％以上も降下したことはすでに紹介したが、それでも37％の人が前半の25％の区間でシャッターを押していた。この12％のズレは、ゾンビの世界からすると、毎日この実験をしたところで、何億年・何兆年待っても出会うことのできないような異常な偏りである。

　要するに、集団であろうとなかろうと、自由意志は開門直後に集中する。この時点で、フリーシャッター実験における人間の振る舞いを（理想的なランダムマシーンであるところの）ゾンビでモデル化することは早々にあきらめるのが賢明だ。

　詳細は省くが、Q1は、10歳未満で最も高く（50%）、10代から30代にかけて最も低くなり（31〜33%）、60代（40%）から70代（44%）にかけてまた上昇していく。要するに、「開門直後の自由意志」は全年代を通じて普遍的に見出せる特徴であるとともに、子供と老人においてその傾向は突出している。さらに言えば、集団実験でも非集団実験でも、男性よりも女性でQ1が高くなる[*3-c]。

　NHKホール実験では、Q1で測られる序盤の山以外にも、真ん中と終了直前に二つのピークがあることはすでに紹介した。実は、これらの等間隔で連なる山々の稜線は、生放送実験の時間分布でも、多少押しつぶされながらも見事に保存されている。さらに言えば、二つの実験ともども、開始5秒の地点にもまた（目視でも十分なほどに）第四のピークが認められる。シャッターの自由意志は、開始直後に加えて、キリのいい時間帯に生まれているらしい。

この傾向は、もう少し微細な区間に分け入ってみても、やはり同じように再来している。５秒と10秒に限らず、ほとんどの区間で、秒数が切り替わるところ（Ｎ・０秒周辺）に小さな突起が立っていることが確認できるのだ。ただ、この現象自体は、とりたてて驚くこともないだろう。実際に「７秒ちょうどを狙った」というようなことを事後にコメントする人は数多くみられるのだから。

驚きはその先にある。（開始直後と終了間際の区間を除く）Ｎ・０秒を中心とする18のローカル区間のシャッター列を、総量で正規化処理したのちに平均化してみると、実際のミクロなピークはＮ・０秒だけでなくＮ・２秒にも存在することが判明する（図３-Ｆ）。

ピークというからには、その前後には深い谷が存在している。実際、秒数が切り替わる直前から０・１秒単位でシャッター数を追いかけてみると、ほとんどのケースで「Ｎ・０」でピークを迎えた後で「Ｎ・１」で一旦急降下し、その後「Ｎ・２」で

「N・0」と同程度の水準まで回復し、その後「N・3」以降で再び平均的な水準に落ち着いていく。このような「M字型をした自由意志」が至るところで見られるのだ。

　このM字の中で最も謎めいているのが、N・1秒に相当する真ん中の谷である。というのも、仮にN・2秒のピークが、N秒ちょうどで押そうと思った人の残党であるならば、N・0秒からN・2秒にかけて緩やかにシャッター率は下降していくのが筋であるからだ。しかし事実は、N・1秒で一旦シャッターが止んだ後で、N・2秒において「謎のV字回復」がみられる。そうであれば、N・2秒のピークには、N・0

図3-F ｜ コンマ何秒のタイミングでシャッターは押されたか

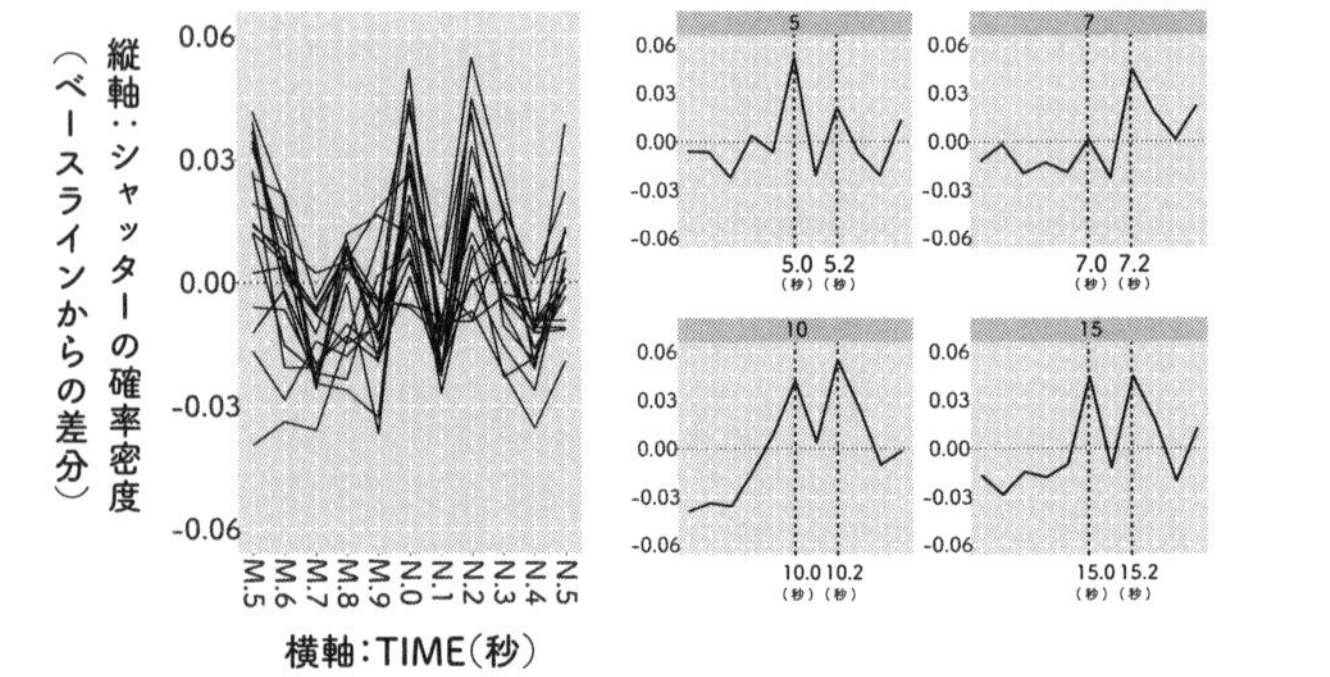

左図は、2.0、3.0、…18.0を中心とする1.1秒区間のシャッターの確率密度の折れ線グラフを全て重ね書きしたもの（NはMの次の整数）。右図は、左図のうち、N=5,7,10,15の4区間を個別に取り出したもの。ほぼ全ての区間で、コンマ9秒からコンマ3秒にかけて強力なM字型の形状が観測される。

秒のピークとは別の説明が与えられるべきではないか。

僕の考えでは、N・0秒のピーク（第一波）は「N秒ちょうどを狙った」人たちによるものである一方で、N・2秒のピーク（第二波）は、N秒となったこと（を視覚で確認すること）がトリガーとなってシャッターを押した人たちによるものだ。

第一波が意識的なシャッターの産物である一方、第二波には、意識的に「N秒になったらシャッターを押そう」と思っていた人だけでなく、半ば無意識的な反応として「N秒になったことに反応してシャッターを押してしまった」人たちが混ざっているだろう。あるいは、それらは当人の感覚としても簡単に区別できないものかもしれない。

重要なのは、スクリーン上で目に見えて起こる最大の変化は、毎秒、インジケーター中央の秒数が切り替わるところで生じる点にある。こうした外界からの視覚刺激の質的な変化は、シャッターを押すどんな些細なきっかけでも欲している者にとって、願ってもない恩寵だ。それでも、視覚認識から運動出力までの反応速度は、最短でも0・2秒程度を要する。[*3-d] このラグこそが、N・0秒とN・2秒の間にある谷を理解するための鍵に違いない。

今日、私は〇〇くんに告白をする

要約すると、フリーシャッター課題は、「時限付き」の自由意志が、開門直後（1）と閉門直前（2）、そして日時が切り替わるところ（3）で立ち現れやすいこと、そしてそれらの特徴のいくつかは、集団状況（4）においてより顕著になることを教えてくれる。

さらに言えば、日時が切り替わるところの周辺では、ちょうど切り替わった時点の第一波（3a）と、切り替わった時点よりも少し後ろにずれた時点の第二波（3b）に分解できそうなことも示した。

以上に挙げた自由意志の条件を頭の中で整理している中で、集団フリーシャッター課題を説明するのにうってつけな、ある実世界の場面を思いついた。第4章へと歩みを進

める前に、どうか、この渾身の例え話を披露させてほしい。

まさにその日に、アイデアの中核を端的に記した僕のツイートが残っているので、まずはそれを共有しよう。

集団フリーシャッター課題は、「今日のイベントで、○○君に絶対に告白する」の、謎に自分を追い込んでいる時限的状況とめちゃくちゃ似ている。近い友人の告白に勇気づけられるとか、キリのいい時間になって意を決して告白するとか、最後の駆け込みとか。（2023.12.28 10：30）

ここでは、町内の夏祭りで意中の人に告白することを決めている人のことを考えよう。当たり前だが告白は一度きりだ。そして、夏祭りが閉門すれば告白のチャンスも潰える。

そもそも、こうした告白の場として、なぜ学園祭とか夏祭りのような、不特定多数の人が集う祝祭的な場が設定されるのか。それは、告白に失敗することに対する怯えが、人が集うことによる高揚感と混濁し見分けがつかなくなることで免責されるからだ。
すでにさまざまな例を示してきた通り、ここでも、生理的興奮それ自体が無味無臭であることがポイントである。集団心理によってつくり出されたようにみえる荒波の中で、あちらこちらで波乗りに挑む人（告白の現場）が目に入れば、ますます勇気が得られるだろう。

さて、肝心の告白はいつ行われるだろうか。

気の早い人であれば、夏祭りが開門してすぐに告白を実行し、残りの時間、二人だけの時間を満喫しようとするかもしれない。それでも、告白はシャッターを押すほど簡単なものではない。多くの人は、その都度躊躇《ちゅうちょ》しながら、注意深く告白のタイミングをうかがうはずだ。

例えば、夕方6時に始まった夏祭りで、2時間以上も無為に過ごしてしまった彼や彼女は、やはりどんな些細なものでもいいから、自らの決心を後押ししてくれるきっかけを欲している。こんなときに心強いものは、状況に左右されることのない絶対的な指標である。
そう、ここで活躍するのが時計だ。9時までには／9時に／9時になったら等々、いろいろなバリエーションがあり得るが、いずれにせよ、告白のドラマはキリのよい時間に向けて走り出すのが常だ。このうち「9時までには」組と「9時に」組は、9時周辺に第一波をつくり出す一方、「9時になったら」組は、9時から少し遅れて生まれる第二波の主要成分を形成する。予定にはなかった「9時になってから突如」組も合流すれば、第二波はより賑やかになるかもしれない。

最後の大波は、夏祭りがクローズする間際に訪れる。

何もできないままに、残り10分の音楽が流れはじめる。この機会を逸したら、もう二度と告白のチャンスは訪れないかもしれない。とたんに鼓動がバクバクと波を打ちはじめるが、先ほどまで恐怖の調べでしかなかったはずの心臓のBGMは、いつの間にか力強い応援歌に変わっているではないか。勇気づけられた彼女は、周りの目を気にすることすらせずに、意中の子を、あらかじめ心に決めていた場所へと強引に引きずり出すことだろう。グッドラック。

――

おわかりだろうか。集団フリーシャッター課題で観測される時間的特徴は、実世界の告白課題によって実に首尾よく説明される。「夏祭りの告白」とは、いわば命がけの集団フリーシャッター課題だったのだ。

「キリのよい自由意志」は、さまざまな時間スケールでみられる。月の変わり目や年度の変わり目に新しいことを始めようとするのも――そのために月末までに今ある仕事を片付けようとするのも――全く同じ類のものだ。何を隠そう、本書の執筆も2章以降、月初めから2ヶ月に1章のペースで進んでいる――ちなみに今日は1月28日である。ここまできたのだから、何とか2月には4章を書き始められそうだ――。

これほどまでにカレンダーが幅を利かせる現代において、この種の日時に編み込まれた自由の感覚と無縁でいられる人はそうはいないはずだ。

僕にとって、（集団）フリーシャッター課題の何よりの教訓は、自由意志が恣意的に定められた「時計」や「カレンダー」の平板なリズムから逃れられないという事実である（2月とそれ以外の月で、「28日」がまるで異なる意味作用を持つことを思い出してほしい）。着々と時を刻む数字が、僕たちをリズミカルな主体へと誘う。僕たちは、日時に組み込まれている平板なリズムを動力源として、初めて自由な主体たり得ている[*3-e]。

誕生日が僕たちの美意識を方向づけることを考察した2章に引き続き、――全く意図していなかったことだが――本章でも再び数字の魔力を思い知らされることとなった。次章の内容はどうなるだろうか。何ヶ月先かはわからないけれど、月末には大勢が判明しているはずだ。そういうふうに僕たちはできているのだから。

*3-a　ここで、相応の対策がとられておらず、際限なく吊り橋の揺れが大きくなるような仕様であったならば、どのような悲劇が起こるだろうか。2000年に、ロンドンのミレニアムブリッジの開通の日に起こったのが、まさにこれである。偶然に作り出された揺れに（その日は強風であったという）、およそ2000人の歩行者の足踏みが同調することで、さらに揺れが増長し、橋の渡航は、まるで立っていることすらままならない恐怖のアトラクション体験と化したのである。三日後に橋は閉鎖され、揺れを吸収するダンパーを追加することで、共振の問題は解決されたという。このときの映像を見てみると、横向きのブランコに大量の人間が乗って遊んでいるかのように、歩行者の重心が左右に同調して揺れていることがよくわかる。

*3-b　実際に得られたデータは、分析に有効なものだけに限ると、全参加者の半数程度の1093人であった。これは、主にNHKホールの通信環境の問題で、実験終了後、その場で結果を送信できなかったことが主因だ。当初の見込みより少なかったことは残念ではあったが、それでもそれまでに僕が行ったことのある授業内実験の最大の参加者数の約10倍である。今後、このような機会が訪れることは二度とないだろう。

*3-c　この点について少しだけ補足する。男性のQ1が35・1%であるのに対して、女性のQ1は39・5%であり、4・4%もの差がある（統計的にも十分に有意な差だ）。さらに言えば、サンプル数の少ない70代以上を除いて、すべての年代で、女性のQ1は男性のQ1よりも高い。逆に、男性は女性よりも、全ての年代で真ん中の10秒付近で押す傾向が強い。以上から察するに、女性には、「押す時間をあまり決めていない」傾向（ゆえに／に加えて）「周りにつられやすい」傾向があり、男性には「前もって押す時間を決める」傾向が指摘できるかもしれない。この点についても、注2-eで指摘した、男女の欲望に関する「所有原理」と「関係原理」の対比が強く符合しているようにみえる。くりかえすと、斎藤の図式によれば、男性はアタマ（言語・概念）で対象を所有しようとする一方で、女性はカラダ（身体的共感）で対象との同一化を図ろうとする。冒頭のシャッターの波に飲まれるのは、まさに身体的共感に基づく世界との関わり方であるし、10秒付近で押す傾向は、「真ん中」「ちょうど10秒」といった言語的な時空間把握が媒介となっている可能性が強い。実を言うと、データ解析によれば、課題終了直前にシャッターを押す傾向についても、女性よりも男性の方が明らかに強い。この実験を体験してもらうとわかるが、20秒間シャッターを押さないで我慢するのは結構難しい。カラダが勝手に反応してしまうからだ。それでも、アタマであれば制御できる。ここでもまた、20秒という時空を頭の中で管理しようとする強力な「所有原理」が活躍しているのかもしれない。

*3-d

僕の授業では、視覚刺激に対する反応時間の速さを受講者一斉に計測する簡単な実験を、毎年実施している。ここでも、活躍するのはスマホのカメラだ。スクリーンの背景色が（例えば、黒からオレンジに）変化するのを感知したら、なるべく速くスマホのシャッターを押してもらう。スクリーンの中央には、画面の色が変わってからの経過時間がストップウォッチのように表示されている。シャッターを押せば、反応時間が労せずして画像に記録されるというわけだ。

実験結果は毎年似たり寄ったりで、反応時間は0・2秒台に集中する。この種の課題は専門的にはシンプルリアクションテストと呼ばれ、一般的には、スクリーン上でターゲットが見えたら、利き手の人差し指でマウスボタンを押す方式が採用される。年齢によって多少のブレはあるが、ここでも反応時間は総じて、0・2秒台前半を推移している。要するに0・2秒は何かに反応するには十分な時間だが、0・1秒ではいかにも短すぎるのだ。

*3-e

「人が何かをやろう」と思うタイミングがキリのよい時間に集中しているとして、そのような意思決定の断面は、現代の情報インフラを使うことで、意外と簡単に明らかになるかもしれない。携帯会社の協力などがあれば、二、三のアイデアは捻出できるかもしれない。最近思いついたところでは、締切が与えられた時のメール返信のタイミングもまた、この種の時間分布となるかもしれない。

以上は、どちらかというと「何気ない決定」に関わるものだが、告白に比するような一世一代の決定については、報道系のデータベースを活用することで、何らかの糸口が得られるかもしれない。僕の頭にあるのは、犯行時刻であるとか、人質などを盾として立て籠っている犯人が投降を決断する時刻などだ。かように、実験の種は実世界の中にいくらでも転がっている。

URL1 https://www.youtube.com/watch?v=JWToUATLGzs

URL2 https://twitter.com/kenrikodaka/status/1527224494703919104

［参考文献］

Soon, C. S., Brass, M., Heinze, H. J., & Haynes, J. D. (2008). Unconscious determinants of free decisions in the human brain. Nature Neuroscience 2008 11:5, 11 (5), 543-545. https://doi.org/10.1038/nn.2112

Dienstbier, R. A., & Munter, P. O. (1971). Cheating as a function of the labeling of natural arousal. Journal of Personality and Social Psychology, 17 (2). https://doi.

org/10.1037/h0030384

児玉謙太郎、小鷹研理、阿部真人、村上久：集団フリーシャッター課題で観測されるバースト現象、電子情報通信学会・HCS／CNR研究会、2023.11

小鷹研理、児玉謙太郎、阿部真人、村上久：フリーシャッター課題におけるシャッタースパイク時系列の特性、電子情報通信学会・HCS研究会、2024.3

小鷹研理、児玉謙太郎、阿部真人、村上久「フリーシャッター課題：20秒間の時限状況下における自由意志の歪み」、日本認知科学会第41回大会（発表予定）

第4章

半地下のラバー
ファミリー錯覚

半地下のラバーファミリー錯覚

第0節　序

『パラサイト　半地下の家族』という映画を見た。

まるで、数日前の出来事のような言い回しだが、実際に見たのは数年前のことだったと思う。それでも、年に数本程度の映画しか消化できない僕にしてみれば、最近見た映画の一つであることは間違いない。この言い方も悪くないだろう。

おおよそ映画から愛されない半生を送ってきた僕が、それでもわずかにでも心を動かされるものであるからには、その大半が話題作であることは間違いない。それでも実際に僕がなけなしの数時間を捧げようとする、渾身の自由意志を発揮するには、予告の段階で、あまのじゃくの琴線に触れてくる強烈な誘因がなければならない。それまでほとんど縁のなかった韓国映画であればなおさらだ。

今になってはっきり言えるのは、映画を見る前から僕は、半地下という言葉に大いにくすぐられていたのだ。この、僕にとって強烈な異臭を放つ言葉は、原題（『寄生虫』）や英題（『パラサイト』）には含まれていない。原題を軽視する映画はろくな結果にならないと相場は決まっているが、この映画に関して言えば、少なくとも僕は、タイトルを改変した配給会社の思惑にまんまと飲み込まれてしまったのだ。

後ほど説明することになるが、その異臭にくすぐられていたのは僕自身の半地下にいる連中だった。驚くべきことに、その連中というのは、僕のライフワークである「からだの錯覚」研究において、僕がいつも（それと知らずに）気にかけていた界隈の住人だったのだ。

しばらくしてから、僕はその住人のことを「半自己」と呼ぶようになる。

――

本章では僕が専門としている「からだの錯覚」の話をしようと思う。

「からだの錯覚」とは、半自己を媒体として自己の転覆に迫ろうとする物語である。この映画を鑑賞してしばらくして、僕はそのように考えるようになった。この観点に立脚することで、「からだの錯覚」がなぜこれほどまでに不穏で、それでいて現実介入的であるかについて、これまでよりも一段高い解像度で理解できるようになった。その個人的成果の一端を、これから披露したい。

僕の見立てによれば、からだの錯覚に漂うある種の不穏さの由来を説明するのに、『パラサイト　半地下の家族』は非常に有効だ。実際、この映画には「からだの錯覚」のダークサイドに転がるモチーフがふんだんに盛り込まれている。何より、半地下というキーワードに注目することで、自己をより壊滅的に転覆させるための条件を検討することができる。

それにしても、僕は一体全体いかなる動機で、誰から求められているわけでもない、からだの錯覚の不穏さであるとか、自己転覆のための方法論のあれこれについて、公共の紙面を使って長々と語ろうとしているのだろうか。

動機は確かに存在する。かいつまんで言うと、これらの問題を考えることは、――これまで芸術が主に担ってきた――「僕たちの日常に、いかにして予感可能な非日常を織り込ませるか」という実存的課題に対して、一筋の光を与えるものだ。からだの錯覚は、古典的な芸術の装置とは少し違ったかたちで、この課題に応えようとしている。僕はそう考えている。

現実と虚構を同一の地平で編み直す

約10年前に「からだの錯覚」と初めて遭遇した僕は、それ以来、この錯覚の魅力に取り憑かれ続けている。

「からだの錯覚」とは、簡単にいうと、本来は自分の身体でないモノや映像イメージが、自分の身体の一部であるように感じられる認知現象だ。錯覚の副作用として、自分の身体の見た目だけでなく、位置・形状・温度・柔らかさなどの属性もさまざまに変質してしまう。とりいそぎ強調しておくこととして、その錯覚が、自分自身のこの身体に起きていることが何よりも重要だ。——他の錯覚現象と比べたときの——「からだの錯覚」の圧倒的な異質性は、ほぼ、この種の私秘性にこそ由来するのだから。

事実、からだの錯覚に特有の「自分の身体でないものを、自分の身体として招き入れようとする」、その過程で生じる様々な軋轢に接することで、僕は初めて、自分という邸宅を他人に明け渡してしまうような強烈な不安に襲われたのだ。

例えば、小鷹研究室が発表した近年の錯覚に『XRAYHEAD』（以下、エックスレイヘッド）と呼ばれるシリーズがある。ハーフミラーを使ったこの錯覚では、（鏡像として対面している）自分の頭部が半透明となって、内部にある骸骨が透けて見えているような感覚に襲われる（図4-A）。それだけではない。その透明となった頭部表面を突き抜けて、自分の骸骨が実際に触られたり、半開きに開頭した頭の奥に実験者の手が突っ込まれることすらある。体験者が望めば、その先にも、いくつかのバリエーションがある。僕のお気に入りは、頭の中にモノ（文鎮やらガムテープやら）がずしりと置かれ、そのまま放置されてしまうというものだ。まるで手術の忘れ物のように。

この錯覚はいわくつきだ。というのも、あるテレビ番組のリハーサルのときに、開頭錯覚を体験していたスタッフが、その最中に机に突っ伏してしまい、リハの続行が不可能となる事件があったのだ。詳細は省くが、その半年前の国際会議でも似たようなことがあり、公共の場で展示する際には、細心の注意を払わざるを得なくなっている。[*4-a]

エックスレイヘッドで見えていることは、多くの人にとって文字通り実際に起きていることである。現実に自分の頭の中に誰かが手を突っ込んできたとしたら、誰だって心穏やかでいられるはずがない。その意味で、生物としての防衛本能が、エック

図4-A | XRAYHEADシリーズ

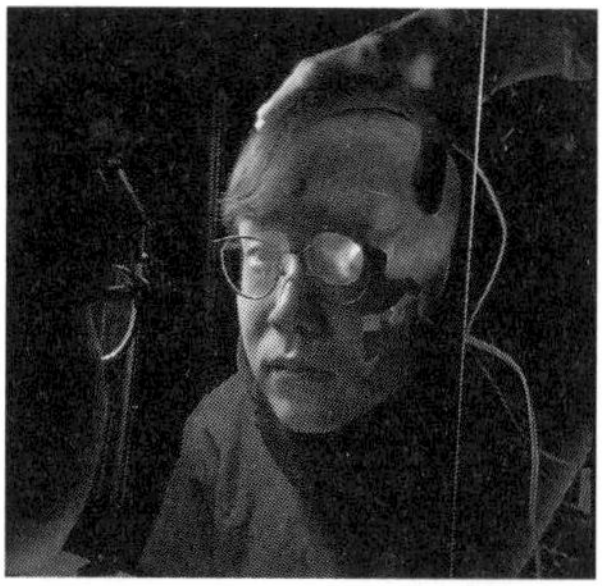

XRAYHEAD
(2021〜)

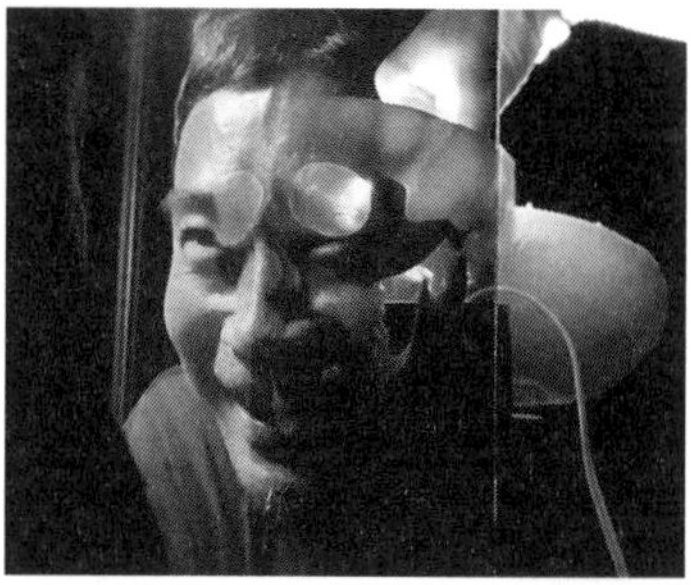

XRAYHEAD GARDEN
(2023〜)

スレイヘッドにおける、恐怖的な感覚の一つの側面を形成していることはまちがいない。

それでも、僕がここで強調したいのは、もう少し別の水準の話だ。

このエックスレイヘッドに限らず、ほとんどのからだの錯覚において、体験者は実験者に対して完全に身を委ねるか、あるいは主体性を十全に発揮しようにも、実験者のトリッキーな介入によって部分的に失敗する構造となっている。新しく侵食してくる異物としての「からだ」に対して、身体の主人である当人が、管理者としての責任を果たせていない状況だ。

主体性の剝奪という危機に瀕してはじめて、そこで目の当たりにしている非日常的光景は、実際に予感可能なものとなる（この理路については、後ほど改めて説明することになる）。僕は前書で、このような非日常が日常世界に不可逆的に侵食していく様相に対して、「とりかえしのつかないあそび」という表現を与えた。

この遊戯をはみ出した遊戯は、それまでに親しんでいた現実の身体が、今まさに目の前で展開されているような「ありえたかもしれない」、潜在的な現実のバリエーションの一形態に堕ちる感覚と地続きである。

この種の構造は、何も「からだの錯覚」に固有のものではない。僕の考えでは、映画に限らず優れた芸術作品は、現実と虚構を同一の地平で編み直そうとする精神に満ちている。特定の物語によって心打たれる経験とは、まさに現実が「こうであったかもしれない現実の一形態」に堕ちる感覚に他ならないではないか。

実は、小鷹研究室の活動がまだほとんど世の中に認知されていなかった時代、僕たちの活動にいち早く目をつけてきた者たちの中には、美術関係者が少なからず存在した。芸術作品としての虚構（フィクション）が、個人の生々しい現実に介入することがいかにして可能か。この種の問題系に鋭敏な感受性を持つ者たちが率先して、からだの錯覚が宿している、鋭利な武器に誘引されていったのだ。

からだの錯覚の切れ味を鋭利にしているものの根底には「物語の不在」がある。僕自身が、自分のプロジェクトを名指すものとして、「からだの錯覚」という言葉遣いに固執しているのは、まさにこの点に対して自覚的であるからだ。

要するに、「からだの錯覚」そのものは単なる実験手続きに過ぎない。にもかかわらず、僕や誰かの人生の物語を書き換えてしまうだけの圧倒的な力を宿している、その逆説をこそ、僕たちは問うべきなのではないか。とするならば、本章で僕がやろうとしていること、すなわち、「からだの錯覚」を芸術的装置と等価な地平で語り直すことは、「物語なき自己への介入」を物語的に語り直すことなのだと言えるかもしれない。

物語を動員することなく、物語的な自己（ナラティブセルフ）を変質させることはいかにして可能か。からだの錯覚が、そのようなアクロバティックな跳躍を時に軽々と成し遂げてしまうようにみえるのはなぜなのか、云々。

このような問いをさらに逆側から折り返せば、人文学的な蓄積のある物語論を、反／半物語的にアップデートすることでもあるかもしれない。どちらにせよ、本章で僕は、物語と非物語との間を頻繁に往復することになるはずだ。それだけははっきりしている。

第1節　建築物が「家」になるまで

映画の話をしよう。もちろん『パラサイト　半地下の家族』のことだ。以下では、単に『半地下の家族』と記すことになる。

まずは映画を見ていない人向けに、少しだけ内容を要約する。あらかじめ断っておくと、以下は「映画のネタバレを含む」どころか、映画のネタバレそのものである。それでは困るという読者は次なる段落へと跳躍する前に、いますぐ適当な動画配信サービスに退避していただきたい。（いや、この際、はっきり言おう）まだ未見なのであれば、ぜひとも見るべきだ。今すぐ本を中断して、さぁ早く。

この映画を30字程度で説明すると、「貧困層に押し込まれていた家族が、富裕層の一家に取り入ろうとして失敗する話」といったところだろうか。この映画の圧倒的な質感の機微を全く伝えない、あまりにひどい要約だが、僕がＣｈａｔＧＰＴならそうそう悪くない答えだ。

スラム街にあるその家族の住居は、元は防空壕として使われていた韓国特有の構造物で、半分だけ地下に埋め込まれている。この住居の高さは、そのまま社会格差・経済格差の暗示となっている。それでもこの映画に通底する魅力は、半地下に住まう極貧の家族の底抜けの明るさにこそある。彼らには「計画」が存在し、この目の前の現実は乗り越えられるべきものなのだ。実際に、彼らからは、惨めな現実に付帯すべき陰湿さがほとんど感じられない。

半地下の住居は、土砂降りに遭うと、重力の法則に従って雨水が雪崩れ込み、半分の高さだけ雨水の注がれたコップとなる。それでも天気がよければ、窓から太陽光はしっかり射し込むし、通りを歩く人々の足取りも、本来であれば地面から沈んだ地点から眺めることができる。メディアアートの作品としてはかなりいい線をいっている。

映画の中で、「半地下」の住居が舞台となる時間はそれほど多くない。序盤を乗り越えると、おおかたの物語は裕福な一家の住む豪邸を舞台に展開されていく。そこで、半地下の4人の家族は自らの出自を隠したままに、さまざまな嘘偽りを繰り出し（その立ち居振る舞いの、なんと堂々としたことか！）、それぞれが専属運転手、家政婦、英語の家庭教師、絵画の家庭教師として、その裕福な一家に就職（パラサイト）することに成功する。

その豪邸には地下部屋が存在し、半地下家族の連携による謀略で解雇させられた旧家政婦の夫（グンセ）が身を隠していた。豪邸の一家が家族総出でキャンプのために外出していた豪雨の夜、新旧の家政婦の家族が、豪邸の地下部屋でかち合うことで、突発的な衝突が起きる。この混乱の余波が、翌日、裕福な一家の戻った豪邸に決定的な大惨事を引き起こすことになる。

多数のセレブが招待された豪邸家族の息子ダソンの誕生日会の最中、地下部屋から現れたグンセは、逃げ惑う半地下家族の息子ギウをキッチン横で殺害し（未遂）、なおも包丁を手に取り屋外のパーティー会場へと乱入する。三つの家族と逃げ惑う来訪客が入り乱れて周囲は大混乱に陥るも（その過程でギウの妹は刺殺される）、元ハンマー投げ選手でもあった家政婦チュンスクの勇敢な一撃によってグンセは致命傷を負い、その場に倒れ込む。大きな危険が去ったと思われた矢先、やはりパーティーに招待されていた半地下家族の主人（ギテク）は、あろうことか、自らの雇い主である豪邸の主人を突発的に刺し殺してしまう。

大まかな流れはこれでいいだろう。そもそもあまり細部を追うつもりはないし、必要な細部については、その都度補足していく。

この映画には三、体、の家族が登場する。一体は、高級豪邸に住む裕福な家族（パク

家)。もう一体は、豪邸にパラサイトする半地下の家族(キム家)。最後の一体は、豪邸の地下に身を隠している、旧家政婦の家族だ(実際に住んでいるのは、旧家政婦の夫グンセのみ)。これら三体の家族が、主に豪邸を主戦場として交錯する中で、パラサイト(寄生)に関わる三つの形態が描かれている。

一つ目は「接合」である。おおよその時間、半地下家族は豪邸の住人であるパク家と、豪邸の中で共存している。家政婦以外は、時間によって豪邸を出入りする身分であるため、豪邸内にいる半地下家族のメンバーの数はその都度増減する。それでも、誰もがそれぞれの持ち場で豪邸の家族からの十分な信頼を勝ち得ており、豪邸に半ば接合している状態だ。いいいいいい、もしも豪邸に意識があれば、家族のサイズが幾分と膨らんでいるように錯覚しているかもしれない。この一つ目の形態を「接合型パラサイト」と呼ぼう。

二つ目は、パク家が豪邸から引き剝がされ、半地下家族が、豪邸を完全に乗っ取っている状態である。この状態が訪れたのは、決定的な悲劇の前夜のことである。パク家は、家政婦に留守を託して総出でキャンプに向かったのだった。その隙をついて、半地下家族はリビングに集結し、賑やかな宴会を開いて大いに将来の夢を語り合う。もしも豪邸に意識があれば、新しい家族が転居してきたのだと思うかもしれない。これが「交換型パラサイト」だ。

三つ目は、地下の家族による不可視なパラサイトの形態である。旧家政婦の夫（グンセ）は、借金取りから追われている身であり、旧家政婦の計らいで豪邸の地下部屋に身を潜めている。豪邸の居住者であるパク家は、グンセどころか地下部屋の存在そのものを知らない。グンセは、地上の邸宅とつながる照明のスイッチを点滅させることで、豪邸にメッセージを送っているが、誰もその内容を理解していない。もしも豪邸に意識があったとして、地下の家族のことなど何も知らないと答えるだろう（「不可視型パラサイト」）。

以上で、3種のパラサイトを全て挙げたわけだが、最後に、あまり喜ばしくないかもしれないワンモアシングを用意した。

それは、地下／半地下の家族が、豪邸の家族を殺害することによって、現実の階層を打ち破ろうとする形式である。無論、この強引な方法では、文字通りの意味でのパラサイトはそもそも成立しない。この語義矛盾の含意を正確に引き受けるべく、このパラサイト未満のパラサイトの形式を、「悲劇的パラサイト」と名付けよう。もしも豪邸に意識があれば、自らの意識を喪失する危機に直面することになる。そのような事態は何としても避けねばならない——その先には、ただ建築物が生かされているだけの植物状態が待っているのだから。

身体に宿る家族的なハーモニー

この映画におけるパラサイトの基本構造は、「本来は豪邸の家族ではない者たちが、豪邸の家族になりすまそうとする」ものだ。もしも豪邸に意識があったならば、そこに住まう家族のことを、自分自身の身体であると感じられることだろう。そうであれば、映画『半地下の家族』とは、豪邸にとっての「からだの錯覚」の物語と言えるはずだ。

ここで提示された身体と家族を同等の地平で捉えようとする姿勢は、本章の根幹をなす世界観であるとともに、今後の議論を進めていくうえでの重要な下敷きとなる。以下、この世界観の根拠となる背景を、「からだの錯覚」の基礎理解を兼ねつつ、できるだけ図式的に整理してみたい。

本章で僕が試そうとしているのは、「家」を生み出す建築物としての邸宅と、「自分」を生み出すモノとしての身体（肉体）とを並置させることだ。この並置は、邸宅（建築物）から「家」が創出される過程と、身体（肉体）から「自分」が創出される過程とを重ねることでもある。これらの跳躍を媒介するのが、家族性であり、身体性だ。

邸宅は、それだけで家となるわけではない。家族が入居して、その中で家族的な営みがあってはじめて「家」となる。同一の邸宅の中で育まれる継続的な家族性が、その建築物に「家」という幻想を授けるのだ。

同様に、身体はそれだけで自分をつくり出すわけではない。各々の手足、各々の感覚との間で、身体的な営みがあってはじめて「自分の身体」となる。同一の肉体を容器とする継続的な身体性の発現が、その身体に「自分」という幻想を授けるわけだ。

ここで言う、身体的な営みのことを、僕は前書でオーケストラ認知と名付けた。さらに、オーケストラ認知によって生まれる、「自分」という幻想の貼られた身体のことを、僕は習慣的に（単なる身体と区別して）「からだ」と記すようにしている。それでは、本来はモノでしかない身体が、――自分が所有する身体としての――「からだ」と感じられるのはなぜか。

――オーケストラ認知の考え方に従えば――それは、複数の感覚信号が、それぞれにバラバラではなく、調和的なハーモニーを奏でてしまうことに由来する。その身体が自分の身体である限り、それは勝手に起こってしまうことなのだから。邸宅もまた、家族の営みの中で、オーケストラのような調和性が発揮されることで、「家」への跳躍を果たす。複数の家族成員間のハーモニーが、家をより「家」らしくさせるのだ。

調子が出てきたついでに、もう少しこの例え話につき合ってほしい。「家」における家族とは、「からだ」にとっての何に相当するのだろうか？

ここでは2種類の見方を提示したい。まず一つ目は、身体各部を家族のメンバーと見立てるものだ。こちらは馴染みがあるはずだ。実際、自分の手指を見てみれば、この種の想像力にピタリとはまる例の習慣のことを思い出すだろう。

日本では、手足の5本指のそれぞれに対して、家族のメンバーを割り当てる擬人化がよく知られている。誰もが知っているように、親指から順に、お父さん指、お母さん指、お兄さん指、お姉さん指、赤ちゃん指と並ぶ。調べてみたところ、英語圏でも同じように5本指を家族で擬人化する童謡があるようだ。YouTubeではすでに2億回以上も再生されている。

指と家族は、なぜこのようなかたちで符合するのか。（比較的わかりやすい）指のサイズの差異ではなく、動きに注目してみよう。お父さん指は、ある程度独立に動かすことができるが、他の指は、勝手に連動してしまうことが多い。とりわけ、赤ちゃん指は、日常のオペレーションにおいて、他の指と一緒に動かすことがほとんどだ。逆に、よほど訓練された人でなければ、赤ちゃん指を動かすと周りの指も一緒に動いてしまう。赤ちゃん指が、他の指から十分に独立できていないことがよくわかる。

重たいモノをつかむときは、——あたかも家族全員で力を合わせるように——5本指の関節を一斉に曲げることになるが、豆やビーズのような微細なものをつまむときは、お父さん指とお母さん指による慎重なコーディネーション（連携）が要求される。こうしてみると、偶然だろうか、動きに関しても、どこか家族の営みを想像させる。手指の動きに家族的なハーモニーが内包されていることがよくわかる。

手指に限らず、身体のさまざまなスケールで、家族による擬人化はそこそこうまくハマるだろう。それが自分の身体である限り、各部の動きは家族のように連動してしまうのだから。

二つ目の見方は、僕が前書で展開したオーケストラ認知の定義に従って、各種の感覚に家族のメンバーを割り当てるものだ。

おあつらえ向きに「五感」というカテゴリーが存在する。それではと、五感のそれぞれを5人家族として擬人化してみようとするが、なかなかうまくいかない。偶然だろうか、五感を家族に例える何らかの習慣があってもよさそうなものだが、ついぞ聞いたことはない。このキャスティングの困難は、僕の想像力の問題だけでもなさそうである。

五感と家族とのマッチングは、なぜうまくいかないのだろうか。僕の考えでは、「からだ」を創出するために、五感の全てが、家族のように相互補完的に協力し合う必要がないからだ。例えば、嗅覚や味覚、あるいは聴覚が数分ほど麻痺したとして、「からだ」にとってどれほどの打撃があるだろうか。視覚と触覚さえ生き残ってくれていれば、「からだ」は変わらず「からだ」としてのリアリティーを保ち続けるだろう。

五感には含まれないが、「からだ」にとって、嗅覚や味覚よりもよほど重要な感覚が存在する。それは固有感覚と呼ばれるものだ。多くの読者にとってあまり馴染みのない名前だろう。簡単にいえば身体の位置感覚のことであり、身体各部が「どこにあるか」をリアルタイムにモニタリングしている。

そう言われてもなお、ピンとくる人は少ないかもしれない。そもそも固有感覚の存在を、視覚や聴覚のように明示的に意識したことのない人がほとんどだろう。それも無理のない話だ。固有感覚は、普段、知覚世界の背景に後退しており、オーケストラ認知において、いわば伴奏のような役割を果たしているのだから。

目を閉じて、自分の右手の指先がどこにあるかを想像してみよう。はっきりと「ここ」だとわかるはずだ。それこそが、確かに固有感覚が機能している証拠だ。実際に目を開けて答え合わせをしてみると、確かにそこに自分の右手は存在する。仮に右手が何かに触れていれば、その触れている皮膚上／空間上の場所もまた、目を閉じていたときの想像と合致するはずだ。この合っている感じこそが、「からだ」の強固なリアリティーを支えている。固有感覚の伴奏に対して、視覚や触覚による主旋律がキーを外すことなく正しく絡んでいる状態だ。

ここでみてきたように、身体的な営みの中には、多様なハーモニーが満ちている。このハーモニーの本体（邸宅にとっての家族に相当する）を身体各部とみるか、各種の感覚とみなすかは、あまり本質的な問題ではない。複数の感覚信号が連動している限り身体各部は連動するし、その逆もまた然りであるから。重要なのは、身体とはそのままでは単なる肉体であり、身体に内在するハーモニーの効果として自分の身体が生じる、という基本的な構図を理解することだ。

身体そのものではなく、身体に宿るハーモニーこそが「からだ」の本体であることは、いくら強調してもし過ぎることはない。何よりこの事実は、同じ肉体を舞台として、異なるメンバーの参画による、さまざまなかたちの「からだ」が創出し得ることを示唆しているのだから。まさにこうした事情によってこそ「からだの錯覚」は可能となる。ちょうど同じ建築物を舞台に、さまざまな家族が、血のつながりを超えて、異なる「家」を立ち上げることができるように。

――――

準備はこんなところでよいだろう。これから、『半地下の家族』における家族間の物語に、「からだの錯覚」に関わる非物語的な概念装置を大胆に混ぜ込んでいこうと思う。『半地下の家族』における3種のパラサイトは、この異国の調味料が付加されることで、いかなる変貌を遂げるだろうか。

まずもって取り上げるのは「接合型パラサイト」である。はじめに断っておいた方がいいかもしれない。接合型パラサイトは、本論の主題と照らして、最も示唆に富むパラサイトの形態だ。それ故に、丁寧に論を進めていく必要がある。心してかかってほしい。

第2節　接合型パラサイトの諸相

自分と他人の入り混じったもの

接合型パラサイトを体感するのにうってつけの錯覚がある。自分と誰かの掌を指まで揃えてピタリと合わせて、向かい合わせとなった2本の指（どこでもよい）の表面を、もう一方の手の親指と人差し指で、同時になぞってみよう（図4-Bを参照）。この際、目は開いていても閉じていてもどちらでも構わない。相手がいなければ、ペンを相手の指と見立てるのでも十分だ。どんな感じがするだろうか。

心理学的な結論を先に述べよう。この錯覚には、二つの特徴的な異質感を伴う。麻痺感覚と変形感覚だ。英語圏では、自分の指を麻痺化（ナムネス）させる錯覚として、ナ

図4-B ｜「手応えのない身体」を生み出す即錯

キャンドルフィンガー錯覚

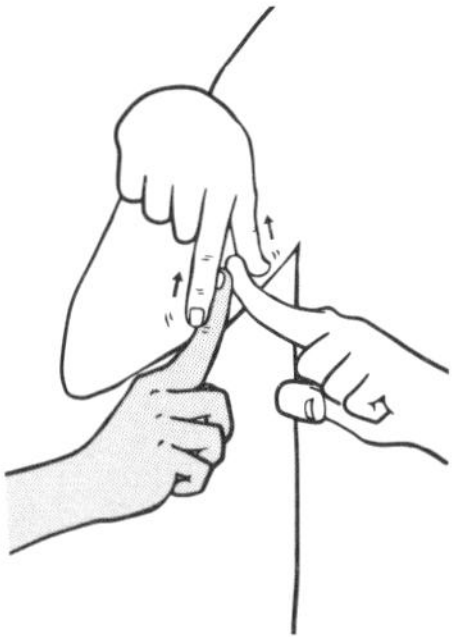

芋虫の錯覚

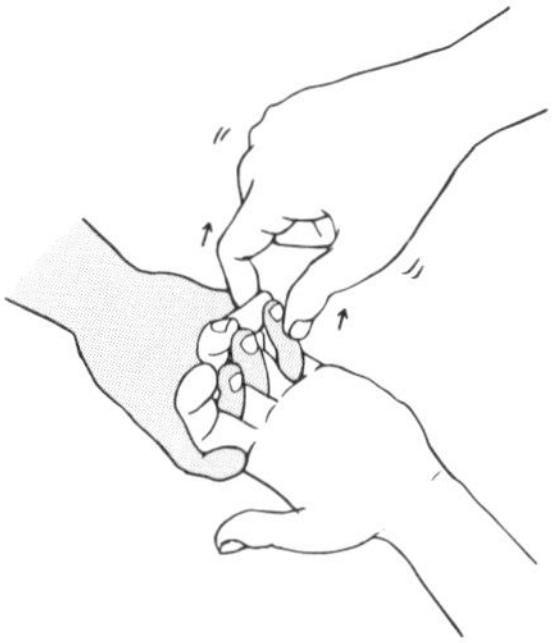

図4-C ｜ 薬指のクーデター

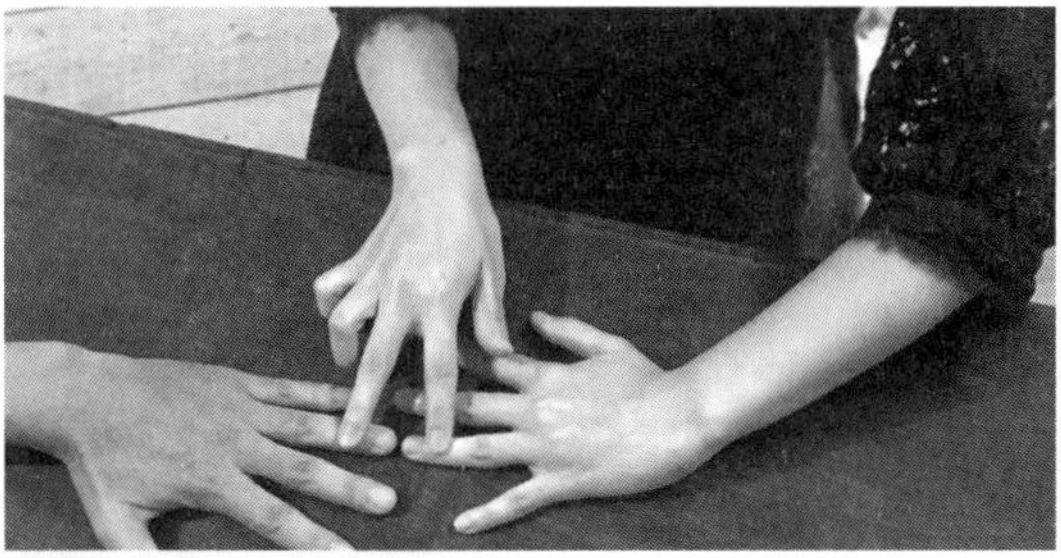

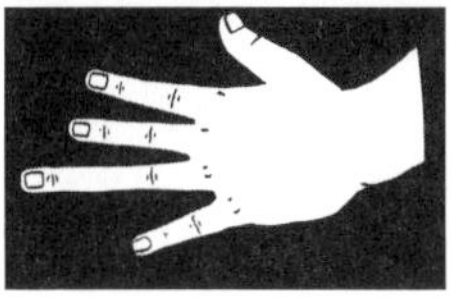

左図は、錯覚時の手指のイメージ

自分の薬指と相手の指（どの指でもよい）とを向かい合わせにして机の上に置く。目を閉じて、空いているほうの手の2本指で向かい合わせとなった指の第一関節付近を同時にグリグリさせたり、トントンと叩いていると、自分の薬指が中指を追い越したように錯覚する。およそ60〜70％程度の人が強く錯覚する。

ムネス錯覚と呼ばれることが多い。

その2本の棒を擦ってみて、まずもって、すごくいやな感じがしたとしたら、それはおそらくナムネスが縦横無尽に暴れまわっているところだ。あえて言語化すると、「自分の指なのに自分の指でない感じ」「自分の指が感覚を失ってしまった感じ」あたりが適当だろうか。これは、異物としての相手の指を、自分の指として迎え入れようとしている途上で起きることだ。

このいやな感じを振り払って、その先／奥へと意識を向けてみよう。異物としての相手の指を、ありったけの寛大な心でまるごと自分の邸宅に受け入れてしまおうというわけだ。うまくいけば、自分と相手の指が一体となって、指が太くなる感覚が得られるはずだ。そう、これが変形感覚だ。

この「指太錯覚」は、人によってはあまりピンとこない。実際に指が太く感じていたとしても、明確な比較対象がないために、自分の感覚の変質に確信を持てないのだ。それでは、この2本の棒のなす角度を0度から180度にまで開いて、新たに「指長錯覚」に適用してみよう。

机の上に自分と相手の指とを、向かい合わせに一直線に並ぶようにして置く（ここでは互いの左手にしよう）。目を閉じた状態で、向かい合うそれぞれの指の第一関節付近を、右手の2本指で同時にぐりぐりしてやると、やはり自他の指が一体となって、指が長くなる錯覚が得られる（図4-C）。このシンプルな錯覚は、最近になって僕の研究室が発見したものだ。これを自分の薬指に適用すると、薬指が中指の長さを心理的に追い越したように感じられるために、はっきりと「指長錯覚」を実感することができる。そんなわけで、この錯覚を僕たちは『薬指のクーデター』と命名している。

『半地下の家族』において、豪邸のパク家に半地下家族が接合して、家族のサイズが膨れ上がったように、『薬指のクーデター』でも、自分の指に相手の指が接合することで、指のサイズが増大する。もしも身体に意識があれば、自分の指が長くなってしまったように感じるだろうか。幸い、これは本人に問うてみれば確認できる。事実、研究室の展示では7割以上の人が、この指変形を強く感じると回答する。

心理学的にいうと、『薬指のクーデター』を可能としているのは、自分と他人の手に対する触覚の「同期」だ。かいつまんで言えば、自分の身体と誰かの身体を、一方の手で同時に触っているとき、それらはまとめて自分の身体であると感じられる傾向にあるらしい。なぜだろうか。

理由はいろいろな学術的観点から検討することができるが、ここではなるべく専門的な用語は使わない方針でいこうと思う。

想像してもらいたいのだが、日常生活の中で、片方の手で何かを保持したり、触れたりしているとき、その対象は「一つ」のものであることがほとんどだ。5本の指が、それぞれ個別のものに触れるような状況は、よほど意図的に設計されない限り、日常的にめったに遭遇しない。5本の指は、異なる鍵盤を独立に弾くためにではなく、あくまで一つの物に触れたり摑んだりすることに特化して進化してきたのだ。

さらに言えば、仮に何かしらニッチな職業的要請があって、複数の指で触れているモノを個別に判別する要求が生まれたとして、多くの場合、目を使って状況を視覚的に確認すれば十分に事足りるはずだ。触覚という単一の業者に何もかも押し付けることはないのだ。
だから、近傍にある複数の指の腹で、何か同じような触感が同時に得られたとして、それらが別々のものであることを吟味することなく、ひとっとびに「一つ」のものであると仮定するのは、それほど悪手ではないし、認知コストの面から言えば、十分に理に適っている。

以上の議論から、複数のモノを同時に一方の手指で触っているとき、それらを「一つ」のものとして組み上げようとする強い傾向があることはわかった。ところで、『薬指のクーデター』において、一方の手指で触れられているのは「自分」と「他人」の混合物であった。そうであるからには、残された選択肢は、自他の身体を「自分」として統合するか、「他人」として統合するかのいずれかである。

両者を一方に統合するためには、もう一方を意識から消失させなければならない。それでは、自分への触刺激と他人への触刺激のどちらの事実を改変するのが容易だろうか。少し考えてみればわかるが、自分への触覚を忘れることは、あまりにハードルが高過ぎる。自分への触刺激で生じる「触られる感覚」は、その定義上、自分の側にしか発生しないために他人の側にすげかえる事ができないからだ。その結果、自他の身体は「自分」として統合される方向で再編されることになる。

以上が、『薬指のクーデター』を「触る指」の側から眺めたときの心理学的な背景だ。自分と他人の入り混じったものを一方の手で同時に触っているとき、それらはまとめて自分のものとされる強い傾向が存在する。そのように、僕たちはできている。

出来事の同期体験が「家族」をつくりだす

続いて、『薬指のクーデター』を、「触られる側」からの風景へと折り返してみよう。すると、この錯覚をつくり出している原則が、また別のかたちで浮かび上がってくる。端的に言おう。この錯覚の成立は、自分の指と他人の指が同時に近傍で触刺激を受け続けることで、それらが区別なく「ひとつづきのからだ」と認識される心理特性の存在を暗に示しているのだ。

近接する二つの身体が、同じ出来事を繰り返し共有することで心理的に接合される。そのような接合の物語は、僕たちの日常世界で起きていることを少しでも思い返してみれば、それほど突飛なことではないはずだ。

事実、「出来事の同期」は、半地下家族によるパラサイトが首尾よく進行していることを測るための重要なバロメータでもある。

半地下家族のうち、兄妹の二人は家庭教師として雇われている。パク家の二人の子供と、毎週の決まった曜日の決まった時間に豪邸内の同じ部屋で一緒に勉強し、一緒にフルーツ休憩を取る。専属運転手として雇われた父・ギテクも、雇い主の信頼を勝ち得た後は、本来の運転手の業務をはみ出し、豪邸の夫人の買い物につき添い、大量の買い物袋を両手に抱えて、家主とともに豪邸の中へと足を踏み入れる。家政婦となった母・チュンスクに至っては、豪邸家族の全ての成員と、さまざまなかたちの「出来事の同期」を日夜量産していたことだろう。

メンバー間の行動が同期していることは、そもそもが、家族が真の意味で家族的であ

る こ、と、を裏付ける重要な兆候である。

例えば、凍てつく朝の空気を切り裂く「起きなさい！」の音頭で、眠たい目を擦りながら次々と自分の部屋から起き出してくる子供たち。お互いに「おはよう」の挨拶を交わしながら、リビングに入室し、いつもの朝食の席に着く。まばらな「いただきます」を経て、机の真ん中に用意された納豆のパッケージを取り出すと、それぞれの島で納豆を高速にかき混ぜる合奏を行い、各人のご飯茶碗へと流し込む。どこの家庭でもある朝の風景だ。

何の会話もない朝もあるだろう。そんなときは、納豆ご飯をお碗の中でかき混ぜる音、口の中で咀嚼する音、サイドメニューの汁を口元ですする音らが机の重心で合流し、分厚い音塊をつくりあげる。これこそが、ただ「食べる」ことに殉ずる贅沢な共同体験だ。もしも「食」という概念の存在しない宇宙人から見れば、謎の集団儀式にしか見えないだろう。

集団登校の時間が近づき、小学校に入りたての末っ子が先陣を切って玄関を出ようとする直前で、ある大事な忘れ物をしていることに気づく。「〇〇がない！」。その緊迫した声色を察して、家族全員がネズミのように俊敏に、それぞれの思い当たる場所の探索を始めるも、だれかの「あった！」の声で一斉にネズミであることを止める。まるでオーケストラの楽団のように。

複数のメンバーが、同一の邸宅の中に存在することそのものが家族性をつくるのではない。同じ時空を共有していることで、その都度発生する種々の出来事を、同時に共有する体験を積み重ねることによって、家族性が立ち上がるのである。たとえ一つ屋根の下に暮らしていたとしても、まるで互いに信頼の成立していない「壊れた家族」であれば、それぞれが、自分の部屋に閉じこもり、あるいは同じ部屋にいても同期を拒み、共同体験が積み上がることはないだろう。

『薬指のクーデター』においては、別の邸宅に属する指同士が、一方の邸宅の側で繰り返し「触られる」という共同体験を積み重ねることによって、ひとつづきの長い指となる。[*4-b] このようにして、身体の接合錯覚は、家族が生まれる物語として説明し直すことができるのだ。

ところで、『薬指のクーデター』を体験すると、多くの場合、錯覚を体験している当人には驚きの感情が芽生えるが、かといって、指自体に何らかの感情が宿っているわけではない。そうであれば、家族の問題と身体の問題を同列に語ってしまうのは、あまりに強引ではないか。

なるほど、それもまた一つの見解だ。それでも、僕はたとえばこんなふうに考えている。実のところ、家族においても、メンバー間の共同体験の手続きそのものが、機械的に家族性をつくり出しているのだ、と。この場合、家族の情なるものは、共同体験という手続きの過程で生まれる単なる副作用でしかない。

物語的空間を非物語的な世界観と重ねることによって、そのような地平が開かれる。僕がこの章で考えてみたいのは、例えばこんな具合の「地平の転換」だ。

「におい」という宇宙

映画『半地下の家族』には、「におい」という重要なモチーフがある。実は、この「におい」こそが、クライマックスの「主人殺し」を発動させる決定的なトリガーとなっているわけだが、その話題はひとまず後に回してよいだろう。

すでに述べたように、半地下の家族は、豪邸を舞台に住人との幾多の共同体験を積み重ねることで、パク家に対する接合を果たそうとする。それらの接合を阻害するのが、半地下の家族全員の身体に染みつく、貧困層に特有の「におい」だ。

この「におい」への感受性は、パク家の中で微妙に異なる。例えば、豪邸の主人は、窓を閉じた狭い車内に漂う運転手ギテクのにおいのことをいつも気にかけており、実際に、車内で同じ時間を過ごすうえでの唯一の障害と感じている。夫人と年頃の娘は比較的このにおいに対して無頓着であるが、就学前の息子ダソンのみが、半地下家族4人に共通するにおいの存在に気づいている（それでも、父親と違って嫌悪感を抱いている様子はない）。

ダソンに共通の「におい」を指摘されたキム家の4人は、その日、半地下の自宅に戻って家族会議を行う。それでも、この「におい問題」は、結局何ら有効な対策がとられることなく取り残されることになる。実際、コンピュータによる画像処理の扱いに長けている妹ギジョンの技能も、この場面ではお手上げだ。大学の在学証明書を偽造するように、自分たちの「におい」を、何か別のものにすげかえてしまうことなどできないのだ。

――

韓国といえば美容整形手術に対して極めて寛容な文化であることを思い出す。髪型や服装と同じように、自分の顔面すらも編集可能なメディアとして扱うことに躊躇しない韓国から生まれた映画で、「におい」の問題が主題化されることは実に示唆的だ。

長年大学の教員として、多くの学生を受け持った経験から言うと、においは、当の学生にとって極めて重要なプロフィールである。研究室のゼミで、目を合わさずに学生と議論しているとき、僕にとっては、一人一人からほのかに漂う不定形なにおいこそが彼や彼女のアバターなのだ。

その人のにおいをつくりあげている要因は実にさまざまである。ここでは、そのうちの一つとして、腸内環境の話をしようと思う。

大腸の中には、小腸でおおかたの栄養が吸収された食事の残りカスが、昼夜問わずに運ばれてくる。よほどの物好きでなければ、一目散に逃げ出したくなるような場所だ。そんな過酷な場所に、種類にして数1000、総数にすると100兆以上の細菌が生息しているという（いったいどうやって数えたのか！）。

一人の人間の身体を構成する細胞の数は、約60兆であるというから、数字のうえでは、人は自分のお腹の中に、自分自身をも凌駕する巨大な宇宙を抱えているのだ。

これらの細菌は、人の領地に勝手に忍び込んで、ただ横柄に私腹を肥やしているようにみえるが、彼らにしても、宿主に対する十分な見返りを持ち合わせていなければ、激動の進化の歴史を潜《くぐ》り抜けることなどできたはずもない。実際、腸内細菌には、腸内の免疫機能を強化しているという重要な効用がある。要するに、自ら細菌でありながら、（宿主と共生するには不向きな）悪質な細菌が体内に侵入するのを防いでいるのだ。無論、腸内細菌にとっては、それが自分自身を生かすことでもあるわけだが。

腸内宇宙は、妊娠時の母親の腸内環境を引き継ぐことにより創生される。それ以降、（とりわけ幼年期における）膨大な生活の来歴を取り込むことで、それぞれの宿主に固有の宇宙の型《グループ》が形成されていく。家族のにおいが同期しやすいのは、食生活を共にしていることはもちろん、同じ屋根の下で同じ出来事を共有する体験を積み重ねることで、同種の細菌を取り込みやすいことが関係しているのかもしれない。


前章で、僕がかつて出演したＮＨＫの番組・シチズンラボの話をした。この番組では、集団フリーシャッターとは別のコーナーで、日本全国の土壌から希少な微生物を採取するという興味深いプロジェクトが紹介されていた。そこでは、土地によって土壌に生息する主要な微生物の含有分布がまるで異なる結果が示されていた。

僕の３人の子供は、名古屋に移住する前の岐阜時代、信頼を置く保育園の園舎で、毎日朝から夕方まで、徹底的に土遊びに明け暮れていた。（当人にとっては全く無頓着なことではあろうが）土遊びには、多様な微生物を体内に取り込むことで、体内の免疫力を高めるという側面がある。土に触れて自らを汚すことは、土地と同期して土地のにおいを自分の中に取り込むことでもあるはずだ。久しぶりに実家に帰省して、風景が様変わりしてもなお懐かしさを覚える背景には、自らと同期している土地のにおいが一役買っているのかもしれない。

近年、埋立地の再開発によって、コンクリートだけの土地が湾岸部に人工的に作られる状況を多く見るようになった。よく言われるように、こうした「におい」のない土地は、地震や地盤沈下などの外乱に対して極めて貧弱である。千葉県の浦安市で東日本大震災のときに生じた液状化現象などは、実際に現実問題として噴出している問題だ。

要するに、一人の人間にせよ土地にせよ、「におい」が存在することは、そこに簡単に掘り返すことのできない土壌があり、生態系があり、歴史があり、生活があり、何者とも代替不可能な「個」としての身体が立ち上がっていることの極めて重要な兆候なのだ。

だから、半地下家族の「におい」が、豪邸のパク家との決定的な接合を果たすうえでの障害となるのは、双方にとって極めて健全なことだ。それは、半地下の家族が、彼らの生活史に基づく堅固な宇宙を抱えていることの裏返しであるし、パク家にしても、異物性を適切に察知し、自らの生態系への侵入を許すべきか否かを慎重に吟味できていることに他ならないからだ[*4—c]。

他人として出会い直される自分

この「におい」問題は、先ほど紹介したナムネス錯覚で、変形錯覚に至る手前で生じていた例の麻痺感（ナムネス）と対応している。

すでに述べたように、この麻痺感とは、体感的には「何となくいやな感じ」として当人の主観世界に現象するものであり、一方では、自分の身体だと感じられていながら、もう一方では、自分の身体にふさわしい出力が得られていない、矛盾した状況の産物である。

（同時に触れている）自分と他人の混合物を、まとめてひと続きの「自分」と解釈しようとする強引な無意識に対して、触感や体温の違い、あるいは触覚の端的な不在が、自分と他人との幸福な接合の物語を阻害するのだ。

この麻痺感を孕《はら》んだ身体のことを、僕は「手応えのない身体」と呼ぶことがある。「手応えのない身体」を日常的に体感できる機会はほとんどない。それもそのはずだ。「自分の身体」とは、そもそも予測可能な身体のことであり、自分が自分である以上、ただ待っているだけでは、予測をはみだした身体と出会うことはない。


話が抽象的と感じるのであれば、自分で自分のことをくすぐってみればよい。およそがんばってみたところで、他人にくすぐられているときの、あの圧倒的なゾクゾク感がやってくることはない。指の運動系列の楽譜が自らの無意識に筒抜けである以上、自らの皮膚表面をなぞって生まれるべき触覚のメロディーもまた、触刺激の到達に先行して、無意識の隅々にまで流通してしまっている。皮膚上でいくらでたらめに鍵盤を弾いたところで、僕たちは、すでに知っているメロディーしか聴くことができないわけだ。

ナムネス錯覚や『薬指のクーデター』が、自分の邸宅の中に「手応えのない身体」を召喚することができるのは、自分の無意識では十分にモニタすることのできない、他人の生々しい身体を、自らの音楽の中に招き入れているからだ。およそ即錯《そくさく》（終章参照）のほとんどが、自分と他人との共同作業によって生まれることは、だから偶然ではない。

それでも全く手立てがないわけではない。誰の助けを借りることもなく、自分の身体の中に「手応えのない身体」を召喚する、一つの方法を試してみよう。名前はまだないが、ひとまず『幽霊との対面』とでもしておく。

肘をピンと伸ばして左手の掌をぴたりと机に添えたままで、ぐるっと指先が自分の方を向くように、反時計回りに回転させてしまおう。無理な体勢にはなるが、少しだけ我慢してほしい。この状態で、空いている右手で左手の5本の指を触って横断してみる（図4-D上）。どんな感じがするだろうか。

この時点で（僕の娘のように）声を上げてきもちわるさを訴える人がいないわけではないが、そのような敏感な人は少数派だろう。多くの人にとって、地味な錯覚であることは間違いない。やってみたけれど何だかよくわからないという人も、すぐに放り投げてしまわずに、微細な質感の差異にこそ注目してほしい。

図4-D ｜ 幽霊との対面

(a)

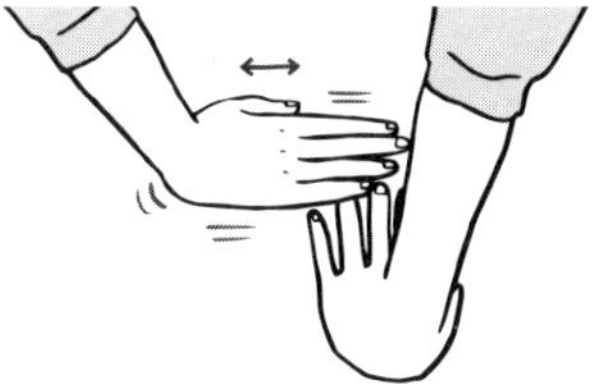

まずは、机の上に置いた左手を180度外側にねじって、空いた右手で反転した五本の指を擦って左右に横断してみよう。目は開けていても閉じていてもどちらでもよい。

(b)

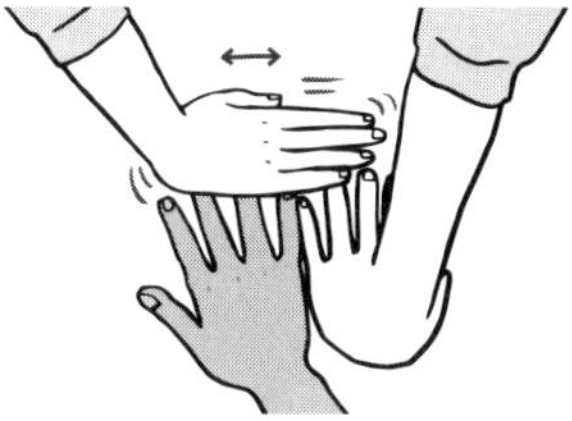

相手がいれば、ねじった左手の右隣に、相手の右手を(小指同士がくっつくように)並べてもらって、今度は自分と他人の混じった10本の指を擦って横断してみよう。「手応えのない身体」の感覚が強力に得られるはずだ。

(c)

適当な布で手首から上を隠すと、自分の手が遊離した感覚が得られる。さらに相手の手も並べれば、自分の手は容易に他人(幽霊)の側に切り返されるだろう。

この違和感の強度をもう一段引き上げたければ、——いきなりの前言撤回とはなるが——やはり、他人の力を借りるしかない。引き続き、こちら側を向いている自分の左手の右隣に、(机の向こう側にいる)相手の右手をそろえて並べてもらおう(図4-D中)。そうして、先ほどと同様、空いている右手で、10本に広がった指の鍵盤を横断してみる。いかがだろうか。先ほどの違和感の正体が、よりはっきりしたのではないか。僕の知る限り、「手応えのない身体」のためのレシピとして、この方法が最も手っ取り早く、そして強烈だ。

このとき何が起きているのか。心理学的には、指の並びが左右で反転していることが極めて重要である。以下、指をピアノの鍵盤に見立てて説明してみよう。

左手の小指から親指にかけてドレミファソの鍵盤が割り当てられているとする。通常であれば、この5本指の鍵盤を左から右に滑らすと「ドレミファソ」の音が鳴る。それが、くるっと180度回転した指鍵盤では、同様の空間系列の運動に対して「ソファミレド」の音が鳴ってしまう。

ピアノの向きが違うことを理解すれば、ごくごく常識的な空間変換ではある。それでも、幼少時から日夜休むことなく普通の向きのピアノで英才教育を受け続けた脳は、どれほど意識的に状況が把握されていようとも、鍵盤を左から右へと滑らしたときに生まれる、本来の「ドレミファソ」の予感を廃棄しきれない。この期待からのズレこそが「手応えのない身体」の主因である。[*4-d]

この即錯は、ちょっとした工夫で、視覚的にも強烈な効果を発揮する。黒い布などを覆うことで、１８０度回転させた左手の手首から上を隠してしまおう。左手の出元がわからないようにするのだ。うまくいけば、この左手が、自分の身体から遊離しているかのような、強烈な感覚が得られるはずだ。

この遊離した手の正体は、先ほどと同様に、自分とは別の人間の右手を並べてもらうことでより明確となる（図4-D下）。それでもここは他人の力を借りずに、持ち前の想像力で補ってみよう。その左手の根元を、こちら側ではなく、自分と対面する向こう側へと遡行させていくのだ。その先には何がいるだろうか。

誤解を恐れずに言えば、そこに立っているのは自分の亡霊である。自分の身体に対して、まるでそれが、対面する何者かであるかのように出会い直しているのだ。

――

先ほど、「におい」が個体性の顕著な兆候であると述べた。それでも、よく知られているように、自分で自分のにおいを自覚することは絶望的に困難だ。これは無知というよりも、あまりに馴染みすぎているがゆえに、かえって知覚内容が背景に後退してしまう心理学的効果（順応）によるものだ。実際に、半地下家族の「におい問題」は、ダソンからの無邪気な指摘があるまでは、当事者にとって全く浮上していなかったではないか。

この「自分で自分のにおいを感じられない」特性は、大きな視点で言えば、「自分で自分のことをくすぐれない」構造と同じである。それでも、くすぐりにおいては、触れた感覚そのものが消失するわけではない。その点、嗅覚は、この「自己盲」の実装に関して徹底している。何といっても、においそのものが完全に消失しているようにみえるのだから。触覚世界に置き換えるならば、いくら自分の身体を触ってみても、まるで触感の得られない世界だ。何という悪夢だろう！

自分のにおいは存在しない。

ここで導き出される原則は、「におい」という現象が、魅惑的なものであれ邪悪なものであれ、それ自体として、強力な「非自己」性を帯びていることにある。要するに「におい」は、自己にとっての「異物」としてまずは感受されるのだ。

話が抽象的と思われるなら、これまでにあなたが経験した、異国のにおいや「人の家」のにおいのことを思い出せば、納得してもらえるはずだ。多くのにおいが、無条件に（良いものであれ悪いものであれ）感情を喚起してしまうのは、感情の本性が「敵か味方か」を峻別する機能にあることを思い出せば、何も不思議なことではない。

ごく稀に、極度のストレス等から、明らかに自分から異臭が発せられていることに気づくことがある。そんなときこそ、先に示した原則は、かえって原則の原則性たる所以を強固に発揮することになる。実際、自分に異臭を感じたら、まず何よりも、周りの人にそのにおいが届いていないかを考えるだろう。これは、自分のにおいを通して、自分を他人として見る誰かの視点に強く同一化していることに他ならない。[*4-e]

そう、自分の「におい」を感知することとは、自分の身体について、まるで他人であるかのように出会い直すことだ。こうしてみると、半地下の家族は、別の身体（パク家）との邂逅を通してはじめて自分たちの身体を他者化することに成功したのだとわかる。

第3節　交換型パラサイトの諸相

身体を収納する「一つ」の容器の潔癖

学問の世界で「からだの錯覚」の研究が確かな産声を上げたのは、1998年のことだ。このとき発表された『ラバーハンド錯覚』のために使われた実験装置は、簡易な衝立《ついたて》が1体と2本の絵筆、そして人の手の形をした人形（ラバーハンド）が1体。たったそれだけだ。電気やコンピュータはもちろん、鏡やルーペのようなちょっとした文明のアイテムも使われていない。装置というにはあまりに簡素だ。たとえキリストの生誕前に同じ実験を行おうとしたとしても何の支障もなかったはずだ。

実験はこうして行われる。衝立の向こう側に体験者の手を、衝立の手前側にラバーハ

図4-E ｜ いろいろなラバーハンド錯覚

普通のラバーハンド錯覚

即席ラバーハンド錯覚
（ビジュアルセルフタッチ）

三者会議・ラバーハンド錯覚

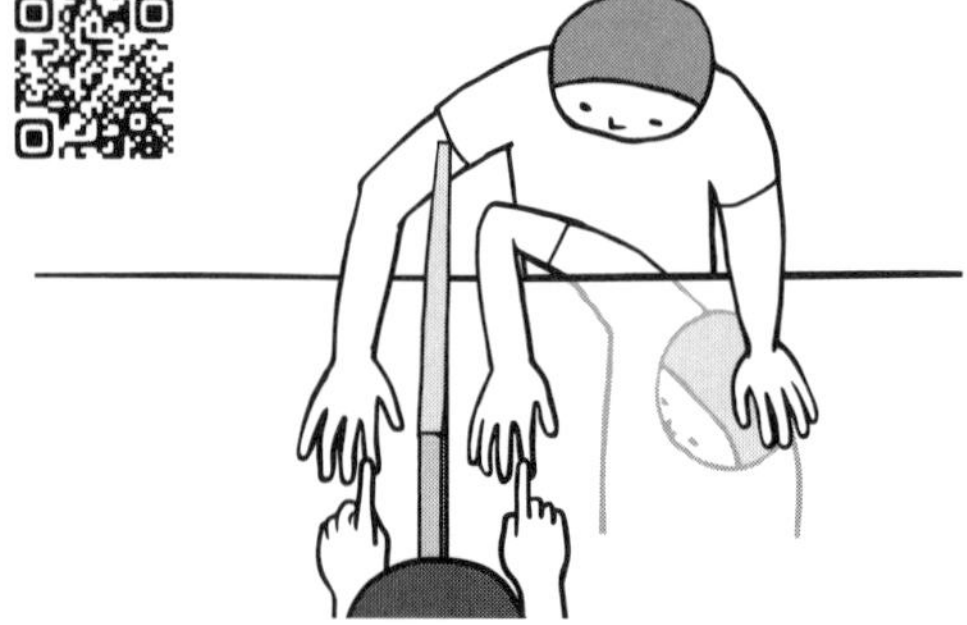

ンドを揃えて置く。体験者にとっては、衝立に隠れた手からおよそ数十センチメートル手前に人形の手が見えている状況だ。この状態で、対面する実験者は、ラバーハンドと体験者の手とを同時に触ってやる。すると、平均的には20秒程度で、ラバーハンドが自分の手のように感じられる。

刺激を与えるものとして、心理実験では絵筆が使用されることが多いが、実験者の手指で直に触るのでも全く問題ない。3人いれば、ラバーハンドは、誰か別の人の手でも代用できる（三者会議・ラバーハンド錯覚）。さらに、お互いの手を交換することで、二人で同時にラバーハンド錯覚を体験する方法もある（即席ラバーハンド錯覚）。各図にQRコードで映像を引用しているので、興味のある人はぜひ試してほしい。

実のところ、ラバーハンド錯覚にラバーハンドは必要ない。実験者が、被験者の手をなぞるのと同時に、何もない空間をパントマイム風になぞってやれば、驚くべきことに、被験者の頭の中にまっさらで透明な手が現れるのだ（詳しくは『からだの錯覚』の

P66参照)。
こうしてみると、ラバーハンド錯覚にとって真に必要な装置は、衝立のみであることがわかる。衝立の役割は極めて重大だ。まずもって、ラバーハンド錯覚は自分の手をまるごとラバーハンドに入れ替えてしまおうというものである。衝立が倒れれば、自分の手が露《あら》わとなり、ラバーハンドによるパラサイト計画は台無しとなってしまうだろう。

実際、錯覚状態の渦中にあってもなお、衝立を取ってしまえば、魔法は解けて、ラバーハンドはただの人形に戻ってしまう。自分の手とラバーハンドが、同時に自分の手となることはあり得ないのだ。なるほど、そんなことは当たり前だと思われるかもしれない。そうはいっても、すでにして、ラバーハンドが自分の手になるような狂った世界線である。２本や３本の片腕を持つ贅沢を求めることが出過ぎた要求であると、どうして言えようか。

それでも、この狂った世界線でもなお、何もかもが許されるというわけではないらしい。実際に、２本の片腕を持つことには、僕やあなたの意欲にかかわらず、原則的に不認可の烙印が押される。狂った世界にも節度はあるのだ、と言わんばかりに。

では、この狂った世界の節度は、どのように線引きされてるのだろう。自分の手とラバーハンドを、同時に自分の手として受け入れることは、なぜ許されないのか。

理由を端的に言えば、次の一文に集約できる。人間には自分の身体として認識できる身体の容器が一体しかない。あなたが錯覚研究者であったとして、このシンプルな原則を理解さえしておけば、ないものねだりをして無駄な時間を浪費することもなくなるはずだ。

この容器の内実は、伸縮性のあるウェットスーツのようなものをイメージしてもらえばよい。この特製スーツは、現実のウェットスーツよりも、さらに大胆な伸び縮みに対して開かれている。僕たちが錯覚を通して、巨人化／小人化したり、四肢を伸び縮みさせることができるのは、こうした容器に内在する特殊な超可塑《かそ》性に由来する。[*4-f]

現実を超えた伸縮性に恵まれている「からだ」の容器にしても、収納する袖の数についてはあくまでも古典主義者だ。（上半身に関して言えば）左右の腕を収納する袖がそれぞれ一つあるのみなのだから。仮にあなたの腕が3本あったとして、最後の1本を受け入れてくれる穴はどこにも存在しない。この容器の頑固な仕様によって、どのような錯覚を駆使しようと、3本目の手腕は「からだ」から厳しくはじかれることとなる。

　この原則は、からだの錯覚に関わるさまざまな制約を規定する。少なくとも即応的な錯覚に関して言えば、手足は2本、指は5本までしか持てないし、頭部も一つまでだ。全身を複数に分裂させることもできない。

　そのようなことを謳う報告がないわけではないが、額面通りに受け取ってはならない。そうした報告は、（複数化による）何らかの相対的効果が存在することを根拠とするものがほとんどであり、どの論文を見ても、主観的感覚の絶対的な評価値としては、平均して半分にも満たないものがほとんどだ。[*4-g] ラバーハンドを自分の手として受け入れるような絶対的な感覚で、独立した3本の手腕を有しているかのような感覚を得ようとするのは、端的に無理筋だ。早々にあきらめてほしい。

　思い出してほしいのだが、接合型パラサイトの例として紹介した『薬指のクーデター』においても、〈一つの容器〉の原則は健在だ。『薬指のクーデター』では、確かに他人の指が自分の指のメンバーとして受け入れられている。それでも、他人の指はすでにある自分の指に接合されたのであって、指の数が増えたわけではない。

ここでも、5本指を収納する身体の容器は、少しばかり過剰な伸縮性を持つ手編みの手袋のようなものだ。長くなった指を収納することに対しては現実の物理を超えて寛容である一方で、「指の数を増やしたい」というオーダーは、例外なく門前払いされる。原理原則とは、いつ何時であっても冷徹に作動するものなのだ。[*4―h]

切断されたラバーファミリー錯覚の憂鬱

先ほど説明したラバーハンド錯覚では、二つの手に触れる刺激に関して、視覚と触覚の同期が決定的な錯覚の誘因として作用していた。なぜ視覚と触覚が同期すると、ラバーハンドは「からだ」に昇格するのか。

それは、複数の感覚間の調和こそが、「自分」と「自分以外」を分かつ決定的な特性であるからだ。自分の身体とは、（触覚や位置感覚等の）自己内在的な感覚を含むかたちで、複数の感覚が否応なく同期してしまう特別な空間である。僕たちの脳は、この種の心地のよいメロディーが響く限り、自分の体が変わらず自分の体であることを信じて疑わない。これこそがオーケストラ認知の基本的な考え方だ。

ラバーハンド錯覚において、この同期を演出していたのは、実験者であった。仮に、実験者が、一方の手でラバーハンドの人差し指を触っているのに、もう一方の手で体験者の薬指を触ってしまうようなヘマをすれば、たちまち不協和音が鳴り響き、ラバーハンドによるパラサイト計画は台無しとなってしまう。

逆に言えば、たとえ見栄えが大きく異なる手であっても、視覚と触覚の同期さえうまく拵《こしら》えておけば、ラバーハンドが「からだ」に昇格するチャンスは十二分にある。実際、朝起きると、あなたの手が突如として全く別人種の手腕に入れ替わっていたとして、感覚信号の連合さえ矛盾がなければ、しばらくの時間、何事もなくやり過ごすことになるだろう。

――――

半地下の家族が、豪雨の夜に一時的に達成していたことは、まさにここで確認したような、ラバーファミリーによる交換的なパラサイトである。

彼らは、いかにしてその夜、豪邸の「家族」に昇格したのだろうか。注意が必要なのは、ここで半地下の家族を、豪邸の新たな家族として引き受けたのは、豪邸そのものであるという点である。この種の、豪邸に宿る仮想的な「自己」のことを、ここでは〈豪邸〉と記すことにしよう。ただあまり抽象的な議論はしたくない。〈豪邸〉とは、家の中に張りめぐらされたセンサーに基づく、スマートハウスのようなものだと思えばよい。

〈豪邸〉は、邸内を動き回る複数の住人の行動パターンを常時監視しており、何か家族らしからぬことがあれば、警報を発する。それでも、――実際の自己意識のパフォーマンスを鑑みる限り――スマートハウスと聞いて想像するような、あまり近未来的なものを想像しない方がいい。

例えばこんな具合である。各部屋に設置された解像度の低いカメラによるリアルタイムの映像が、モニタ室にいる老齢の警備員に送り届けられている。警備員は他にもすることがたくさんあるし、そもそもこの監視業務にそれほどの忠誠心があるわけではない。明らかにおかしな動きがあればモニタに目を向けることもあるが、半地下の家族は何も、豪邸の中で何か目立った乱暴を働いているわけではない。いつもの4人の家族が、リビングに集結して、（あるいは珍しく）賑やかに宴会をしている。ただそれだけのことと感じるかもしれない。

実際、彼らの邸内での行動は、〈豪邸〉にとってそれほど疑念を呼び起こすものではない。豪邸は、そもそもが半地下家族にとっての普段の仕事場であり、家政婦を筆頭に、邸宅内部のことは十分に知り尽くしている。邸宅の中へと侵入し、身分不相応に豪勢な酒と食事にありつくのに、何も泥棒のような手荒な真似をする必要はなかったのだ。

何より、彼ら4人は、正真正銘の本当の家族である。警備員が何か異変に気づかなかったとして、どれほど非を責めることができようか。

こうして、豪邸の仕様に熟知したラバーファミリーは、〈豪邸〉の疑念を呼び起こすことなく、まんまと豪邸のファミリーになりすますことに成功したのだ。これこそが、半地下家族によって達成された、束の間の「交換型パラサイト」である。

ラバーハンド錯覚は、ラバーハンドと実際の手の位置がずれた状態で誘導すると、通常、かなりきもちわるく感じられる。それでも衝立の代わりに鏡を用いて、両者の位置をピタリと合わせてしまえば（この方法は、ミラービジュアルフィードバックと呼ばれる）、ラバーハンドの鏡像は、自分の手としてすんなり受け入れられてしまうことがほとんどだ。不協和音がほぼ完全に消え去った状態だ。

おそらくは、宴会時の半地下家族が、まさにこのような状態である。半地下家族も、そして〈豪邸〉も、衝立の向こう側に本当の家族が存在していることを、完全に忘却している。この緊張感の欠如こそが、交換型パラサイトの最たる特徴だ。

ここにきて、交換と接合との様相の違いが露わとなる。接合においては、常に二つの個の対立が内包されていた。思い出してほしい。キム家を包む「におい」に対する異物感こそが、こうした折り合えない二者間の葛藤を象徴するものであった。

他方で、理想的な交換は、交換前後の来歴を完全に忘却させてしまう。起源の価値を根こそぎ無効化してしまうことこそが、等価交換の使命であるからだ。なるほど、僕たちは、自分の財布にたまたま入っていた特定の千円札の取引履歴について何ら関心を持っていない。起源を問わないことこそが、交換のあるべき仕様なのだから。

一夜限りのクリーンな取引が成立している最中、半地下家族は、衝立の向こう側に存在する家族のことのみならず、自分たちの来歴を醸すにおいのことをも忘却している。においは、何よりも他者の指摘によって初めて顕在化するのであった。接合的様相の中では不可避的に要請されていた両家族間の緊張感のある調停が、ここには一切存在しない。

取引における来歴を抹消することは、しかしながら諸刃の剣である。この束の間の交換取引の中で、彼らが豪邸のファミリーとしていかに豪遊しようとも、そこで積み上げられた体験の来歴もまた、本来の家族の帰還とともに――ちょうど夢の中の記憶のように――泡となって消えてしまうからだ。

もし僕の前書『からだの錯覚』を読まれた奇特な人がいれば、以上の問題が、僕がそこで指摘した「メタバース問題」と同型的であることに気づいたかもしれない。家政婦チュンスクの得ている機密情報が一種の衝立の役割を果たすことによって、豪邸がいわば、半地下の家族にとっての、時限付きのメタバース空間として機能しているのだ。

メタバース空間の管理人ともいえる家政婦を味方につけた半地下の家族は、豪邸の各種機能の操作について十分過ぎるほど習熟している。突然に降って湧いたこの日限りの特別無料クーポンを使い倒すかのように、高級アセットストアからお好みの機能を次々とインポートする彼らは、貧民街ではついぞ叶うことのない社会身体を容易に手に入れることになるのだ。

これこそが、メタバース空間の罠だ。調停無き万能感に満ちた空間では、現実における自分の来歴（においい）を、きれいさっぱり忘れさせることができる。それでも、メタバース空間でどれほど魅惑的な体験を積み上げようと、彼らの身体の奥深くに張りめぐらされた巨大な地下茎は、物理世界の耐久力を誇示するかのように、彼らが何者であるかを証明し続けることをやめない。

翌日になれば、何事もなかったように、そのにおいは再び豪邸の家族たちを不快にさせることになるだろう。そうであれば、誰が好き好んで、現実の境遇に戻りたいと思うだろうか。こうして、人々は、メタバース空間の中に閉じ込められるのだ。

いずれにせよ、半地下家族には、メタバース空間の中に永久に閉じ込められるという選択肢すらない。無料クーポンは「1日限り」の特典でしかなく、翌日になれば衝立が外されることがはっきりしているからだ。

実際には、彼らがメタバース空間における遊戯を堪能できたのは、わずか数時間のことであった。激しい豪雨のためにキャンプは取りやめとなり、急遽、パク家は自宅に戻ってくることになったからだ。映画の演出のためとはいえ、半地下家族にとっては、何と気の毒なことか。

衝立が引き上げられるまでに残された時間は数分。豪邸の中に二つのファミリーが同時存在する決定的な危機を回避するべく、彼らは驚異的な速度で、時間をかけて設えた豪勢な酒席のセットを元の更地に戻していく。清掃の工程を見守りつつ、残り時間を把握しながら、家政婦として即席の料理を大急ぎで拵える母チュンスク(チャン・ヘジン)の表情が実に素晴らしい。本映画の白眉の一つだ。

この夜の出来事が、翌日の悲劇へと連なっていくのは偶然ではない。まずもって、彼らはこの取引の中で、自らの境遇を忘れて羽目を外しすぎた。それはそれで間違いない。

それでも、本来であれば「羽目を外せる」ことこそが、この取引における最大の謳い文句であったはずだ。そうであれば、たとえ一夜限りであろうと、約束されていたメタバース体験を十分にまっとうさせてさえいれば、半地下家族は、翌日からまた、少しばかりの苦痛を強いられながらも、いつもの「接合型パラサイト」を再開させていたのかもしれない。

問題は、彼らが寝入りばなの幸福な夢の途上で、その仮想世界から剝がされてしまった点にある。夢とは、覚醒後の現実にいかなる痕跡をも残さないクリーンな仮想世界の象徴であった。それでも、夢の内容を事後の現実に投下し、世界の濃度を変えてしまうためのとびっきりの方法がある。それは、夢を見ている途中で当人を起こしてしまうことだ。

実際、僕たちが現実に持ち帰ることのできる夢のほとんどは、まだ決着がつかない途上で目覚めてしまった夢だ。例えば、こんな具合に。


夢の中で学生から、僕が以前Slackにあげていた授業資料のリンクがデッドリンクになっているので、再度共有してほしいとお願いされた。リンクを貼り直している時に、目覚ましが鳴って、夢から覚めた。あの学生は、その資料を受け取れないまま、僕の（もう二度と見ない）夢の中に閉じ込められている。

（2021.11.30 9：36）


この夢の中で、せめてあと10秒でも時間の猶予が与えられ、新たなリンクを学生に伝えることができていれば、この夢の中の何でもない1コマは、一切の印象を残すことなく、僕と、そして世界の歴史から抹消されていただろう。

それでも、物語が未消化に切断されたことによって、この夢の内容は、直後の僕のツイートに転載され、その後の少なくない（僕にとっての）思考の種となり、こうして僕の著作にまで登場することとなったわけだ。日夜、量産されているであろう夢の数を考えると、そしてこの夢自体の無内容ぶりを思えば、極めて異例の扱いである。

僕の夢のことはさておき、彼ら半地下の家族にしても、あらかじめ提供されていた豪遊のコースを全て平らげてしまう前に、夢から強引に剝がされてしまったことによって、かえって夢の内容が現実世界に強く影を落とすこととなった、とそのように考えるべきではないか。

悲劇へと至る伏線はこうして整ったのだ。

いよいよ結末は近い。それでも悲劇の現場へと向う前に、迂回するべき場所がある。そこは、地上でも、半地下でもない。豪邸に隠されていた地下の話だ。

第4節　不可視型パラサイト、そして約束された悲劇へ

豪邸には地下部屋が存在し、そこには、以前雇われていた旧家政婦の夫（グンセ）が身を隠している。驚くべきことに、この地下部屋のことを、豪邸に住む家族は知らない。地下部屋は〈豪邸〉の中で、決して意識に上ることのないトラウマの領域を占めているのだ。

このトラウマとは、半地下家族が入植してくるより以前、旧家政婦（ムングァン）が豪邸の家族と幸福な接合――とりわけムングァンは遊び相手として、パク家の息子ダソンからの信頼が厚かった――を果たしていた時代の負の産物だ。ムングァンは、家政婦としての信頼を得るのに不都合な事実を、地下部屋に押し込めて蓋をしてしまったのだ。

グンセは借金取りから逃れるために、夫人の計らいによって、地下室の中に身を潜めている。グンセに食料を運ぶのは主に当時の家政婦として働いていた夫人の仕事であっ

たが、グンセ自身が食料を調達しに地上に現れることもある。彼が出没するのは、決まって家族の寝静まっている真夜中の時間帯だ。

ある日、ダソンは、他の家族の寝静まった深夜のキッチンでばったりグンセと遭遇し、その場で泡を吹いて卒倒してしまう。回復したダソンから事情を聞いた両親は、それを豪邸の幽霊だと思っている。なるほどグンセは、真夜中の〈豪邸〉が見る「夢」の中にだけ現れる、文字通り、幽霊のような存在だ。

この種の不可視なパラサイトを、からだの錯覚の事例で説明することは極めて困難だ。というのも、ここで豪邸にパラサイトしているグンセは、〈豪邸〉にとって「からだ」として認識されていない、身体未満の存在であるからだ。幽霊とは、まさに身体未満のものに与えられた仮のからだのことである。

それでも、このように考えてみてはどうだろうか。かつてグンセとムングァン夫婦は、豪邸の「からだ」に首尾よく接合するために、自らの「からだ」に染み付いている不都合なにおいであるところの夫の存在を、〈豪邸〉の無意識の中に閉じ込めてしまったのだ。要するに、この幽霊は、かつて解体された家族という「からだ」の残滓なのだ、と。

この種の、「自分の身体」を喪失することと引き換えに手に入れたパラサイトの形態を、ここでは「不可視型パラサイト」と呼ぼう。衝立によって設えられた交換型パラサイトが、衝立が外されるまでの時限付きであったように、不可視型パラサイトもまた、無意識の暴発による破局が訪れる、そのときまでの時限付きである。

面白いシーンがある。豪雨の夜に帰宅したパク家の主人ドンイクが、玄関からリビングへと渡る際に、廊下の照明が、まるで壊れた人感センサーが反応したかのように造作なく点灯する。

この気まぐれな照明を点灯させていたのは、実際には、地下のグンセであった。この照明のスイッチは、物理的な配線を通じて地下部屋にまでつながっており、(このときは)両手を後ろで縛られたグンセが、頭突きでボタン式のスイッチを何度も押していたのだ。要するに、玄関奥の廊下を通る人の気配を検出していたのは、赤外線センサーではなく地下に潜む幽霊だった、というわけだ。

このとき、グンセは、敬愛する主人の帰りを言祝《ことほ》ぐかのように、地下部屋に貼られた主人の写真に向けて「リスペクト！」という言葉を叫んでいる。詳細は省くが、このとき地下部屋では、グンセの夫人が頭から血を流して意識を失って倒れており、グンセ自身もまた、ギテクによって身体を拘束されている。そのような差し迫った状態にあってなお、グンセは豪邸の主に対する狂信的な態度を失わないばかりか、ギテクに対して、このまま地下に住まわせてくれるように強く懇願する。

この場面から、グンセは〈豪邸〉の無意識の中にすすんで引きこもっていることがよくわかる。自分の身体／家族を喪失し、幽霊と化したグンセの人格は、邸宅のセンサーシステムに積極的に組み込まれるかたちで、〈豪邸〉という仮想的な主体に、完全なる従属を果たしているのだ。接合型パラサイトにかかる干渉を拒否するために自らのにおいを切り離し、その結果接合した主体の不可視領域で、においなきにおいのようにはかなく漂うパラサイト、それこそが不可視型パラサイトの本性だ。

不可視型パラサイトの破局は突然にやってくる。地下室に留まりたいというグンセの懇願が、半地下家族の主であるギテクによって拒否されたのだ。

ギテクは、なぜグンセの懇願を拒絶したのだろうか。僕の考えでは、このギテクの傲慢は、直前に半地下家族が束の間の交換型パラサイトから切断されてしまっていたことと無関係でない。豪邸メタバースが突如としてフリーズし、魅惑的なにおいなきパラサイト計画が儚く潰えたばかりのギテクは、このとき、計画もなく地下に留まろうとするグンセに対して、将来の自分の姿を重ねたのではないか。

自らの身体のコア（におい）を切り離し、一切の主体性を失うことと引き換えに豪邸の中の幽霊として漂うこと。強烈な絶望を乗り越えた先には、このような圧倒的な魅惑に満ちた楽園が待っている。そうした悪魔の取引に引きずり込まれるすんでのところまで追い込まれたギテクは、しかし、グンセの懇願を拒絶することで自らの迷いを断ち切ったのだ。

幽霊のままで引きこもる選択肢を奪われたグンセは、翌日、ついに約束されていた暴発を果たす。その日、豪邸の庭では、早い時間から多数のゲストが集まり、パク家の息子ダソンの誕生日を祝う盛大なパーティーが開かれていたわけだが、そこで、どのような悲劇が起きたかについては、すでに述べた通りである。

それでも最後に、一つ付け加えておきたいことがある。それは、半地下の家族の主人であるギテクが、自らの雇い主である豪邸の主《あるじ》ドンイクを刺し殺す直前の出来事についてである。

ドンイクは、受け取り損ねた車のキーをすくい出すために、致命傷を負って身動きのとれなくなっていたグンセのうつ伏せの半身を持ち上げようとする。そこで、自ら敬愛する主人との念願の対面を果たしたグンセは「リスペクト！」と叫ぶわけだが、このとき、グンセの身体から発せられていたであろう強烈な地下臭に対して、ドンイクは激しく顔を歪《ゆが》める。

――自分に向けられていたわけでもない――そのドンイクの表情を見たギテクは、発作的に近くにあったナイフを手に取る。そして、異臭から我に返って車に向かおうとするドンイクを背後から襲い、刺し殺すのだ。殺人鬼がもう一人潜んでいたなどと、その当人も含めて、いったい誰が予測できただろう。

かつての家政婦が〈豪邸〉に接合するにあたって、本来引き受けるべきだった「におい」を、地下において一手に引き受けていたのがグンセであった。この「におい」とは、行き場を失った、かつての家族という「からだ」の濃密な残滓でもある。この成仏されないままに残っていたにおいが、最後に着火した核爆弾のように解き放たれ、〈豪邸〉の家族を根こそぎ破壊してしまったのは、何という因果だろうか。

＊4-a

２０２４年３月にテレビ朝日の『出川一茂ホラン☆フシギの会』という番組に出演し、この『エックスレイヘッド』の開頭錯覚の実演を行った。体験中に「ハンニバル、ハンニバル」と叫んでいた出川さんが体験後に「（頭が）開いてたの？　本当に」と言って笑いを取っていたが、まさにこの反応が現実と虚構が混濁した状況を端的に示している。ホラン千秋さんは、僕から見るに、錯覚感受性が極めて強い部類に入る。頭蓋骨を開ける段階で、既にして強い拒否反応が出てしまい、それから先にすすむことができなかったのだ。その直後にホラン千秋さんの口にした「開いてはいけないところが開いてしまった。あぁいけない、いけない、いけない。腕が反対に曲がるイメージ」という言葉は、率直に言って極めて秀逸な表現と感じた。非主体的な出来事に（あたかも）主体的に巻き込まれていく、自己の自己性にとっての錯綜した事態が極めて的確に言い当てられている。その後、僕のコーナーは、体験中の長嶋一茂さんによる「麻酔なしで手術しちゃダメ」の言葉で終わった。この表現もまたよく覚えておいてほしい。終章で見事な符合を得ることになるだろう。

＊4-b

この理屈を拡大的に適用してみたい。同じ人間の左右の指を別々の家族の住人と見立ててみよう。それらが「触られる」という共同体験を積み重ねると、どんなことが起こるだろうか。うまくいけば、左右の指がひとつづきに接合した、新しい身体（拡大した家族）が誕生するかもしれない。この続きをここで詳しく述べる余裕はないが、この推論は自分の身体を使えばすぐに確かめることができる。結論から言うと、「自己と自己の溶接」はおそらく可能だ。つい先日のことだが、研究室の高橋奈里が、この錯覚（自己溶接）をはじめて学会発表したばかりだ。関心のある読者は、参考文献に挙げておくので確認してほしい。

＊4-c

詳細を省くが、異性のにおいに関する研究では、自分と同種（遺伝型の近い）のにおいを好む傾向と、異種（遺伝型の遠い）のにおいを好む傾向のどちらも報告されているようだ。このような分裂は、心理的な嗜好に関わる断面では、いたるところで見られる。「知っているもの」には親近感が生まれるのは当然だし、それでも「知らないもの」にそそられる感受性がなければ、正解が目まぐるしく流動する環境を適応的に生きていくことができない。どちらが採用されるかはコンテクストによって異なる。遺伝型の遠いにおいを持つ者とパートナーを組む傾向があるとすれば、それは後者の観点で、生体として免疫を高めることに資するからだろう。

＊4-d

この『幽霊との対面』では、左手を１８０度、自分の方に向けて回転させる。おそらく、この姿勢が、身体構造的にかなり無理を強いていることもまた、錯覚の成立にとって重要な因子となっている。身体各部の位置感覚の精度は、末端になればなるほど、関係する関節の回転角度の正確な知覚に強く依存するようになるが、『幽霊との対面』のような日常的な運用からかけ離れた方向に曲げられた関節について、その回転角度を脳が正確に認識するのは容易なことではない。自分でやってみればわかるが、自分の腕をあらぬ方向に回転させていった時、あるところで関節角のイメージは飽和し、あとは「すごくねじれている」という感覚だけしか残らないからだ。その先にある手は、「自分」の監視下から逃れた「位置なき身体」である。その結果、自分の手は、(自己性の剥がれた)モノや他人の手のような不気味な主観像へと容易に現象していくだろう。

＊4-e

この観点から、香水の心理学的効用について、人類学的な考察などができればなお面白いだろう。僕の見立てによれば、香水とは、そもそもが「自己の他者化」としての作用を孕んでいる。香水をつけた誰かは、ますます異物としての他者性を色濃くするし、自分に香水をつければ、やはり近傍にいる他者の視点に強く同一化するだろうから。そして、この種の作用は、宗教的な儀礼や通過儀礼において活躍していたであろう憑依的な手続きとどこかで地続きであろう(とっくにそんな研究は山ほどあるのかもしれないが)。

＊4-f

HMDによって視界を塞いだバーチャル・リアリティー空間を用いれば、手足が伸びる感覚を得ることは比較的容易である。僕たちがこれまで行った実験によれば、実際の長さから、3倍程度の腕や足の伸縮であれば、75%程度の体験者が強い錯覚を覚える。他の研究などをみても、手足の長さの錯覚限界については、3~4倍が一つの目安であるといっていいだろう。手腕・指以外でいうと、胴をバネのように大胆に伸縮させる錯覚を、やはりHMD空間の中で作り出したこともある。おそらく首が伸びる錯覚なども容易につくりだすことができるだろう。四肢の伸縮感覚については、前著『からだの錯覚』の第3章(弾力のある身体)で詳述されているのでぜひ参考にしていただきたい。

＊4-g

この点は同業者も多いので、慎重な説明を行っておきたい。まず「三本の腕」でよく引き合いに出されるのが、エールソンらの研究グループによる、その名も「The Illusion of Owning a Third Arm」というタイトルの論文である。ここでは、自分の右手の左隣にラバーハンドを並置して(自分の手腕を隠さないことがポイント)、実験者がブラシで同時に二本の手指をなぞる。すると、もともとの自分の右手に加えて、ラバーハンドもまた自分の手であると感じられるというものだ。この種の実験を受けてみればわかるが、このとき、ラバーハンドへの接触が自分の腕に直接に伝わるような妙な感覚が生まれるのは確かだ(触覚の転移)。それでも、そのラバーハンドは、二本目の右手であるというよりは、右手の単なる複製であると言った方が体感に合致している。実際、この論文では3種類の対照実験を行っているが、同期刺激を与える錯覚条件において「二本の右手を有しているように感じた」の設問に対する絶対評価は、10段階中半分にも満たない。対照条件群と比較して、この項目への評価が有意に高まるのは事実であるが、それでも、絶対的な「三本の腕」の感覚からは程遠いと言わねばならない。この実験に限らず、即応的な錯覚によって「三本の腕」や「六本の指」が生まれたとする研究のほとんどは、実験結果の詳細に分け入ってみる限り、似たような水準の効果にしか結びついていない。要するに、少なくても即応的な錯覚の文脈においては、三本目の腕や六本目の指は、既にある手指に従属するかたちでしか、新しい「からだ」に参入することができないのだ。

　これとは別に、一定時間の学習を通して、手腕を拡張しようという試みがある。知り合いでもある電気通信大学の宮脇陽一先生らの研究グループは近年、実際の指を動かす時の筋肉の使い方とは異なる筋肉の使い方で、六本目の指の運動を制御するユニークな身体拡張の試みを行なっている。2022年に報告された論文の中では、被験者の左手の小指の横にロボティックフィンガーを一時間ほど着用させたことによる効果が報告されている。詳細は省くが、対象群と比べてポジティブな効果が確認できたのは主体感と関わる質問群であり、六本目の指に身体所有感を与えたと確認するまでには至っていない（ただし、行動学的指標と所有感との相関は確認されているという）。強調したいのは、一時間程度の学習時間を与えてもなおこの状況だ。僕の見立てによれば、何らかの筋肉を流用することによって、新たに独立した手腕を得ることは理論上は可能であるが、それでも、その「新たな手指」が、現有の手指と同じ程度の所有に関する主観的なリアリティーを発揮するまでには、少なくとも（神経系の再編成に要する）2週間程度の涙ぐましい鍛錬が必要となるのではないか。即応性が命の展示空間を主戦場とする僕の研究室が、拡張身体というコンセプトに対してやや後ろ向きとなるのは、まさにこうした事情が関係している。

*4-h

　少し話が逸れるが、僕は前著『からだの錯覚』で、漫画やアニメーション等でみられる現実を超えた身体の図像に対する想像力が「からだの錯覚」の感受性と深く関わることを指摘した。この点を踏まえると、「からだの錯覚」の世界ではこれほどまでに「数」に対する徹底的な潔癖さが貫かれているにも関わらず、多数の手足を有する想像上の化身が、古代から現代を通して、世界の至るところに跋扈《ばっこ》していることを不思議に思うかもしれない。僕はむしろこう考えたい。〈一つの容器〉に由来する潔癖さゆえに、多手多足を有する仮想的主体は、――仏像であれ怪物であれ――あらゆる文化において、人間の外部という象徴性を強く背負わされ続けているのではないか、と。

［参考文献］

Kento Imai, Haruka Kayano, and Kenri Kodaka. 2022. XRAYHEAD. In SIGGRAPH Asia 2022 XR（SA '22）. Association for Computing Machinery, New York, NY, USA, Article 15, 1–2. https://doi. org/10.1145/3550472.3558411

佐藤優太郎・齋藤五大・小鷹研理「心の指はどこまで伸びる？ –ダブルタッチ錯覚による軸固有の身体変形距離限界の同定」、日本認知科学会第39回大会発表論文集、OS13–5

小鷹研理・佐藤優太郎・齋藤五大「ダブルタッチ錯覚による身体像の接合–非遮蔽同期による新たなラバーハンド錯覚パラダイム–」、日本認知科学会第39回大会発表論文集、OS13–7

佐藤優太郎・齋藤五大・小鷹研理（2022）「クアドタッチ錯覚による所有感生起の連鎖」、日本認知科学会第39回大会発表論文集、O3–002A

Sato, Y., Saito, G., & Kodaka, K.（2024）. Illusory deformation of the finger is more extensive in the distal than the lateral direction. I-Perception, 15（3）. https://doi. org/10.1177/20416695241254526

高橋奈里・佐藤優太郎・横坂拓巳・小鷹研理「自己の両側身体に対するダブルタッチの効果」、日本認知心理会第22回大会、2024.6

Guterstam, A., Petkova, V. I., & Ehrsson, H. H.（2011）. The illusion of owning a third arm. PloS One, 6（2）, e17208. https://doi.org/10.1371/journal.pone.0017208

Umezawa, K., Suzuki, Y., Ganesh, G., & Miyawaki, Y.（2022）. Bodily ownership of an independent supernumerary limb: an exploratory study. Scientific Reports, 12（1）. https://doi.org/10.1038/s41598-022-06040-x

終章

——会ったことのない同居人（半自己特論）

終章 ——会ったことのない同居人（半自己特論）

四月五日。新しいことを始めるにはいい頃合いだ。

当初予定していた文字数をクリアしたことで、新学期に入るタイミングで無事に本書を脱稿するつもりだったが、急遽、この「終章」をつけ加えることとした。やり残したことがあるからだ。

ギテクは映画『パラサイト　半地下の家族』の中で、悲劇の前夜に、「人は無計画な方がいい。計画がなければ間違いもない」と語っている。僕も、基本的にはギテクの見解に賛同する——少し理由は違うかもしれないが——。実際のところ、この本も、ほとんど無計画による代物だ。この時点でタイトルも何も決まっていない。

それでも、僕は前章の冒頭で、ある「計画」について述べていた。こんな具合に。

「からだの錯覚」とは、半自己を媒体として自己の転覆に迫ろうとする物語である。この映画を鑑賞してしばらくして、僕はそのように考えるようになった。この観点に立脚することで、「からだの錯覚」がなぜこれほどまでに不穏で、それでいて現実介入的であるかについて、これまでよりも高い解像度で理解できるようになった。その個人的成果の一端を、これから披露したい。

このように明示的に書かれた「計画」が、しかし何の断りもなく回収されていないとなれば、いくら僕があまのじゃくな無計画主義者であれ、その著者の判断に対して幾ばくかの義憤を覚えないわけにはいかない。何よりも、この「計画」が提示されて以降、ただの一度も「半自己」という言葉は登場していないではないか。そんな横暴が許されていいはずがない。

そんなわけで、終章では、前章の冒頭で予告されていた「計画」に立ち返ろうと思う。なにも義務感を感じて伏線を回収しようとしているわけではないので、そこは安心していただきたい。むしろ、僕はこれを書くためにこそ本書の執筆を始めたのであり、これまでに書かれた10万字弱は、この終章に至るまでの壮大な「前振り」ですらあった、そう言ってしまっても過言ではないのだから。

それでは、最後の特別講義を始めよう。

——

まずは、即錯の話から。

鏡や文房具など、簡易な小道具だけで誘導手続きが完結する「からだの錯覚」のことを、僕は即錯《そくさく》と呼んでいる。キャッチコピーは「紀元前の遊び」。このコピーに見合う遊戯であるからには、コンピュータはもちろん、電気・電池といった文明の利器の使用は好ましくない。無論、即錯とは「即席な錯覚」のことであるからして、余計なものはなるべく排除できるとよい。そこで、生身の身体のみで成立する即錯のことを、特別に純粋即錯《じゅんすいそくさく》と呼ぶことにしよう。

前章で紹介した『薬指のクーデター』そして『幽霊との対面』も純粋即錯の例だが、今後の議論のために、少し毛色の違う純粋即錯を一つだけ挙げておこう。前書『からだの錯覚』でも取りあげた『ブッダの耳錯覚』だ。名前の通り、耳たぶが異様に長く伸びる感覚を体感できる。

以下、実験者になったつもりで聞いてほしい。

どの方向でもよい、一方の手で体験者の耳たぶをつまんで引っ張る。もう一方の手は、ちょうど耳たぶの端から、ヨーヨーの糸をつまんで引っ張り出してくるような調子で、何かをつまんでいる風の手指を、耳たぶを基点にして、伸ばしたいポイントまで（中空を）行ったり来たりする動作を行う。このとき、耳たぶにかかる圧力方向と、パントマイムしている手の移動方向とを合わせることが重要だ。体験者はただ目を開けたままぼーっとしていればよい。錯覚状態に入ると、自分の耳たぶの皮膚が、パントマイムしている手の位置まで伸ばされている感覚を得ることになるだろう（図5-A）。

図5-A ｜ ブッダの耳錯覚

風船を使う方法（上）と手ぶらでできる方法（下）

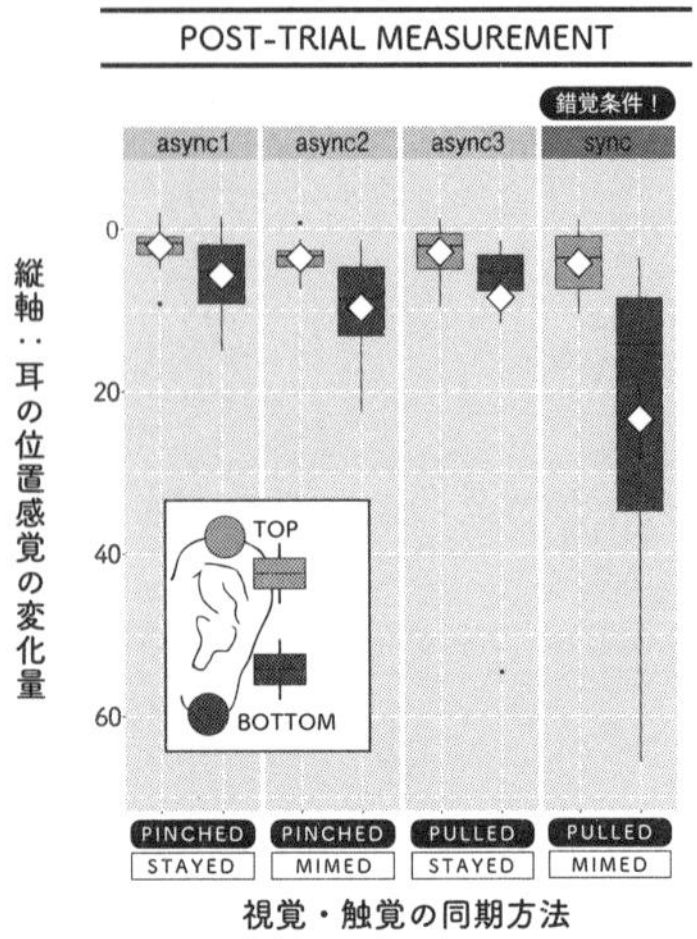

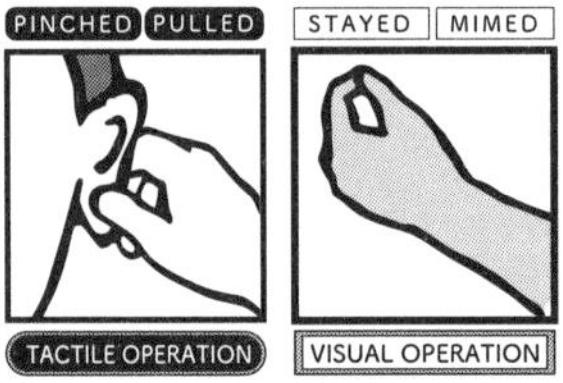

ブッダの耳錯覚の実験結果の一部。錯覚前後の耳の位置感覚を閉眼で報告させた際の、位置変化量を比較したもの。錯覚条件（sync：耳たぶを下に引っ張るのと連動して、下の手も動かす）でのみ、耳のサイズ感覚が大きく変化する。耳の上部の位置感覚はほとんど変化していないことに注意。

POST-TRIAL MEASUREMENT：測定結果、TACTILE OPERATION：実際に耳に触れている手の動き、PINCHED：つまむ、PULLED：引っ張る、VISUAL OPERATION：耳に触れていない手の動き、STAYED：動かさない、MIMED：引っ張るように下に引く

出典：Kodaka, K., & Yutaro, S., (2024). Buddha's ear illusion: Immediate and extensive earlobe deformation through visuotactile stimulation. i-Perception

しかるべき手続きを踏めば、ほとんどの人がこの錯覚を体感することができる。よくわからないという人は、自分で耳の上部をつまみながら相手に耳たぶを引っ張ってもらうと、感度が上昇することがある（つい最近発見したのだが、思いのほか効果がありそうだ。ぜひ試してほしい）。感度の強い人であれば、方向にかかわらず耳たぶが伸びる感覚を得ることになるが、人によっては強い方向依存性がある。これまで多くの相手に対して『ブッダの耳錯覚』を実演してきた僕の印象では、前方よりも後方でより錯覚強度の高まる傾向があるようだ。

さて、（純粋）即錯の魅力は何と言っても、その手ぶら感にある。とりわけ、アップルやマイクロソフトが参入するかたちで、高価なＶＲゴーグル（ＨＭＤ）が市場を賑わしている昨今にあって、即錯体験は、錯覚を生み出している本丸が、そのような外部デバイスではなく、体験者の認知システム（別に脳と言い換えてもよい）にあることに気づかせてくれる。

そう、僕にとって即錯の意義とは、何よりも「あなた自身が錯覚の舞台である」ということに対する気づきを得ることにあった。――現代風に言えば――メタバースは細部に宿る、というわけだ。このコンセプトに立脚する限り、最も理想的な純粋即錯とは、体験者一人で完結するもの、ということになるだろう。実際にある時期、僕はそのような自作自演による即錯（セルフ即錯）のレパートリーを何とかして増やそうとしていた。

それでも、年月を経て、僕自身のセルフ即錯に対する考え方は大きく変質しつつある。結論から言うと、僕は、セルフ即錯という形態が、もはや理想的な即錯であるとは考えられなくなっているのだ。どういうことか。

神経の通っていない自分、としての他人

セルフ即錯の体験そのものは、僕にとって、どれもこれも興味深いものばかりだ。それでも実のところ、そのような――文字通り人の手を借りずに――孤独に即錯を探しているプロセスは、個人的にあまり愉快なものではなかった。端的に言うと、何だかすごく無理なことをしているような強烈な徒労感に苛まれていたのだ。

そうした徒労感の輪郭が自分の中ではっきりと像を結んだのが、昨秋に東京シティビ

ューで開催された『手塚治虫　ブラック・ジャック展』のトークイベントに参加したときのことだった。トークの準備として、手塚治虫の『ブラック・ジャック』を久しぶりに読み返しながら、自作自演の即錯とは、まるで自分で自分の手術をしているようなものではないか、という直感を得たのだ。そんなものが楽しいわけがない。

以下、補足する。

外科手術とは、患者の身体から「自分」を引き剥がし、モノとして扱うことで成立する治療法である、とまずは考えてみよう。実際に、外科手術における必須アイテムである麻酔とは、身体を「自分モード」から「マネキンモード」へと転換する魔法だ。

それではなぜ、手術にあたって身体をマネキン化する儀式が要求されるのだろうか。無論、実際的な場面に即していえば、それは痛みを消すためである。痛みは「自分の身体」に対する防衛反応であるのだから、肉体から「自分」の所有権を取り下げてしまえば、痛覚を含むあらゆる内的な感覚から撤退することができるわけだ。

問題はその先にある。麻酔が成立するという事実は、人間の認知システムに、感覚を遮断するオフラインモードへと移行する機能が確かに内在していることを意味する。だが、そうであれば、なぜこのスイッチは、外側からの投薬によって執行されなければならないのか。なぜ、僕たちは、自らの内的な意志で、感覚ネットワークをオフラインに切り替えることができないのだろうか。

この問題は実に根が深い。あまり想像したくもないが、戦時中に砲弾を受け、麻酔もない場所で、四肢の一部を切断せねばならない状況に追い込まれているとしよう。激烈な痛みに際してもなお、この身体は頑なに「自分」の看板を取り下げようとはしない。マネキンに成り下がるくらいであれば、この痛みを甘受し続ける方がマシだと言わんばかりに。観念したあなたは、たまたま通りかかった誰かに、切断を代行してもらうことを思いつくかもしれない。自分で痛みに耐えるよりも、名もないどなたかに一気に手を下してもらう方がどれほど楽かと。少なくとも、その誰かは痛くはないのだから。

即錯における他人のありがたさは、この自己手術の問題と似ている。例えば、『ブッダの耳錯覚』を一人でやってみることにしよう。どう念じてみたところで、耳たぶの位置は実際に（自分で）耳たぶをつまんでいる手の位置から動くことがない。当たり前だ。僕やあなたは、自分の指先の位置を他の誰よりも知りすぎているからだ。

僕たちの無意識は、末梢から送られてくる身体各部の位置データに対して、逐一、目を通しているわけだが、これを主体性の顕れなどと決して称揚しないでほしい。これら位置情報を伝える神経系は、言ってしまえば、身体の関節に勝手に埋め込まれたＧＰＳのようなものだ。ＧＰＳの埋め込まれた受刑者よろしく、僕たちの認知世界では、生まれながらにして手足の全ての動きが監視され、神経ネットワークの中枢でいつでも参照できるように公開されている。この監視社会の監獄から独力で逃れる術など存在しない。

身体各部の位置取得を任意でオフラインに切り替えられないことが、先述した自己麻酔の禁止の原則と対応していることは明らかだ。僕たちの身体各部は、位置を持たないモノに成り下がることに対して徹底的に抵抗しているのだから。

身体地図の出力結果を、休むことなく押しつけられていることには、錯覚研究者にとってあまり好ましくない副作用が伴う。端的に言えば、僕たちは、自分の身体について、現実からはみ出した想像力を発揮する余地を不当に奪われてしまっているのだ。「位置なき身体」を経験できない僕たちは、（感覚遮断に近い状態となる夢見の時間以外で）「伸びる指」や「空を飛ぶ身体」などの空想的な身体を、想像を超えて実体験することができない。僕たちが、普段、自分の身体の物理的な形状の中に閉じ込められているのは、このような――常時オンラインによる通信を強いられる――神経網インターネットの仕様によるものだったのだ。

逆に言えば、『ブッダの耳錯覚』において「からだの錯覚」の恩恵に預かることができたのは、耳たぶをつまむ行為を他人に代行してもらったためである。「神経のつながっていない手」を使って、耳たぶの先端の位置感覚を曖昧にすることで、ようやく現実からはみ出した身体へと転調することができたのだ。

ここまできてようやく、他人の存在の尊さがわかるだろう。神経の通っていない他人の身体を介在させることで、僕たちは、監視社会から自由に振る舞うことのできる、無感覚の自分を手に入れることができるのだから。からだの錯覚が可能となるのも、痛みを与えることなく自分の身体を切開してもらえるのも、この神経の通っていない自分としての他人の賜物だ。

物語を持たない人間の倫理

以上でみたように、僕は（からだの）即錯の本質を、「神経の通っている自分」と「神経の通っていない自分」との協働にあると考えるようになった。

セルフ即錯に僕が固執しなくなったのは、まさにこうした事情によるものだ。セルフ即錯の苦しさとは、「神経の通っている自分」の囲いの中で、——まさに神経によって正確にモニタリングされている——自己像の外側へと脱出していかなければならない、その構造的困難にこそあったのだと、今では理解できるだろう。

この「神経の通っていない自分」というのは、半ば自分で、半ば他人（モノ）であるかのような存在だ。ここにきてようやく、例の言葉にたどり着くことができた。そう、僕は、このような、自分の近傍にありながらその状態を十分にモニタリングすることのできない存在のことを「半自己」と呼んでいる。

すでに見てきたように、即錯や手術において、他者は「半自己」として、自分からのずれを半ば内側から幇助《ほうじょ》してくれるのだ。それでも強調しておかなければならないことがある。この「半自己」としての他者と、深くわかり合うようなことはあまり期待しない方がよい。分かり合うことは、むしろ、他者の半自己性を損なうことになるかもしれないのだから。

例えば、救急病棟では、一度も目を合わせたことのないような患者が、生死を彷徨《さまよ》う状態で送り込まれる。本人からのインフォームドコンセントもままならないままに、緊急に手術は執り行われ、必要に応じて医者は、手足の切断、卵巣の切除など重大な決断を下さなければならない。そうした一刻を争う事態では、患者に固有の物語性（ナラティブ）に対する共感は、医療的に正当な判断を鈍らせることになるかもしれない。共感とは、神経の通っていない他人に対して、想像力の回路を使って擬似的に神経を通そうとするものであるからだ。

素性もわからない患者の、麻酔によって麻痺した身体を扱うときに威力を発揮するのは、動物の身体に対する細やかな感受性である。物語なき身体空間に内在する秩序（の乱れ）に耳を澄ませ、必要にして最小限の介入を速やかに執行する。これこそが手術という術ではないか。

彼や彼女が、どれほどの善人であろうと、どれほどの極悪人であろうと、手術者のやることは変わらないし、変わるべきではない。この個人の物語を剝がして治療を施すことこそが、手術者としての倫理なのだ。

（からだの）即錯も同様だ。相手を、ただただ「神経の通っていない自分」として、自分の身体運用に中立的に参加させることによって、時間をかけることなく、自らの身体の風景を転調させることができる。意図も神経も物語も持たない人間として、誰かのオーケストラ空間の中に介入し、知らぬ間に大胆な転調をつくり出す、これこそが即錯者としての倫理だ。

未開の皮膚、未開の骨、頻発する「ビッグバン」

『ブッダの耳錯覚』で、人の耳はどこまで伸びるのだろうか。16人の学生が参加した僕の研究室で行った実験では、10秒程度の錯覚誘導の前後で、耳のサイズ感が平均で20センチメートルほど引き伸ばされることがわかった。

平均という指標は、格差のある世界においては、必ずしも実情を反映しない。実際、個人差の巣窟である「からだの錯覚」の世界では、通常20パーセント程度の不感者が存在するために、錯覚指標の平均値は、実際の印象よりも物足りなく出力されがちだ。逆に言えば、この結果は、50センチメートル級の巨大な耳変形を経験している人が、一定の割合で存在することを予告するものでもある。

そして、それは実際に起こっていることだ。テレビの番組収録で『ブッダの耳錯覚』を経験したある女性芸人の方は「(伸ばされた)耳たぶが床でワンバンした」という独特な表現で錯覚時の体感を述べている。いかにも芸人らしい大袈裟な演出と思われるかもしれないが、先の心理実験でも実験後に同様の感想を挙げる学生がいたから驚きだ。

『ブッダの耳錯覚』において、漫画的なレベルで耳たぶが伸びる人は、確かに一定数存在する。このことに間違いはない。

さて、この漫画的な逸脱を可能とするものは何だろうか。僕自身の最近の学術的関心はもっぱらこの点に捧げられている。現時点での僕の考えでは、耳たぶの皮膚性にこそ、この問題を解く鍵があると考えている。どういうことか。

『ブッダの耳錯覚』によって、耳のカタチが通常よりも引き伸ばされると感じる人はたくさんいるが、耳そのものが、元あった場所から移動する感覚を持つ人はまずいない。錯覚によって影響を受けるのは、あくまでも「カタチとしての耳」であり、耳そのものは、ちょうど耳の中心（これを「点としての耳」と呼ぼう）を画鋲で仮留めされているように、頭部側面にぴたりと貼り付いたまま動くことがないのだ。

耳そのものが動かない（動けない）理由は、先ほど述べた通りである。耳もまた、位置を伝える神経網の監視に常時晒されているのだ。3Dモデリングの観点から言えば、耳は、頭部中心を原点とする座標系の中の特定の場所に鎮座する、（頭部を親とする）

子オブジェクトに過ぎない。要するに、耳は「頭の横側」の言い換えに過ぎないのだ。僕たちが自らの頭部の位置を忘れることができないのとほとんど同じだけの強制性でもって、両耳は、あなたのすぐ横にある特等席に陣取ることをやめようとしない。それが「点としての耳」である限りは。

他方で、――『ブッダの耳錯覚』によれば――「カタチとしての耳」は、これらの位置を伝える神経網の監視から悠々と逃れているようにみえる。この鮮やかなコントラストは、いかにして説明されるのだろうか。

一般に、身体各部の位置の手がかりの多くは、関節や筋肉に含まれる受容器によって提供されるわけだが、なるほど、耳という器官そのものには関節が存在しないし、人間に限っては、（耳介筋と呼ばれる）筋肉も退化してほとんど機能していない。手指を動かして手の概形をイメージするのと同じようなやり方で、耳の概形を把握することは不可能だ。仮に、朝起きると、自分の耳の形状が上下で反転していたとしよう。それでも、おそらく本人は鏡を見たり、直に触ったりするまで、その神様のイタズラに気づくことはないのかもしれない。僕たちが知覚してる内的な耳の幾何学のうち、そのほとんどの成分は、過去の経験に担保された幻想に過ぎないのだから。
同じ理由で、耳たぶを引き伸ばされたときに感じられている「カタチとしての耳」の歪んだ図像もまた、耳たぶへの圧力を生信号として、常識的な範疇で、空間的なイメージに積分変換されたものに過ぎない。ここでの常識もまた、過去の経験から召喚されたものだ。

このあたりではっきりさせておいた方がいいだろう。『ブッダの耳錯覚』は、耳という土地が、カタチを伝える神経網世界の中にあって、圧倒的に未開の地であったという衝撃的な事実を告発していたのだ。

何を隠そう、これまで耳たぶについて語っていたことは、皮膚一般について言えることでもある。手の甲であれ、肘の裏側でもよい。たぷたぷの皮膚を誰かにつまんでもらったときに内的に感じられている「カタチとしての皮膚」の像の大部分は、やはりこれまでの常識に基づく幻想に過ぎない。この幻想を、新たに演出された視覚像によって上書きすることは簡単だ。実際、『ブッダの耳錯覚』のハンド版である『スライムハンド錯覚』において、手の甲の皮膚が一メートル級に伸びる人はザラにいるのだから。

こうした漫画的な錯覚の介入を可能としているのは、接触にあたって、皮膚に含まれる受容器が、身体表面上の住所しか伝えていないことに起因する。要するに、皮膚にとって関心があるのは、二次元地図の中での点としての位置（緯度・経度）でしかない。高架の上下を並走する高速道路と一般道を混同するカーナビのように、皮膚もまた、この種の「高度」を同定する仕事にはまるで向いていない。

それでも、実際の皮膚の伸縮性の程度を鑑みれば、この皮膚の怠慢はまったくもって責められたものではない。何より、この怠慢のおかげで、皮膚は『ブッダの耳錯覚』のような魅惑的な錯覚世界に対して開かれているわけだ。錯覚研究者は、この幸運に感謝せねばなるまい。

何にせよ、人間にとっての皮膚とは、本来的に身体の本体に貼られた粘土のようなものであることがはっきりしただろう。皮膚がどのようなカタチに工作されているのか、そして皮膚の先端がどこまで引き伸ばされているのかは、実際に見て触ってみない限り、ほとんど何もわかっていないのだから。

ここにきて、一つの洞察に達することができた。そう、皮膚とは、自分の身体表面に貼られた他人のようなものではないか。

強烈な「からだの錯覚」は、自分の身体に物理的に付属していながら、他人（モノ）としての性格を有する半自己的な組織が活躍する。これが、僕自身の10年にわたる「からだの錯覚」の研究の中で到達した、最も重要な洞察の一つである。

即錯では、文字通り他人の身体に、自分の身体近傍の（多くは接触の伴う）出来事に参加してもらうことで、「神経の通っていない自分」を擬似的に召喚する。他方、皮膚はもともと自分にひっついている他人である。ちょうど他人の指先の位置感覚を直接に知覚できないように、僕たちは、自らの皮膚の先端がどこにあるかを内在的に知覚できていない。このモノ性ゆえに、皮膚の上では粘土のように現実離れした工作が可能となる。

そう、自己に大きな転調をもたらすのは、いつだって、自分の中にあって自分から遠ざけられているものたちだ。そして、「からだの錯覚」とは、そんな自己から虐げられていたものたちによる叛逆の痕跡なのだ。

自分に付属している他人の例をもう一つ挙げよう。それは骨だ。

もし意外と思われたのならば、ある意味では、これまでの論旨を正しく追えていることになる。なぜなら、骨は皮膚と異なり、身体の本体の中ですっぽりと収まっているわけで、位置についてあそびの部分がまるで存在しないからだ。何よりも、僕たちは自分の骨格を、筋肉を介して思い通りに制御することができる。位置に関して言えば、骨格こそが、自己にとって最も権威的な存在なのだ。

しかし、骨には、全く異なる観点で大いなる隙が存在する。それは、触覚の不在だ。

正確に言えば、仮に骨に触覚があったとして、僕たちにはそれを確かめる術がない。自分の骨を触ったり触られたりする経験が、日常的に訪れることはまずないのだから。

どちらにせよ、当人にとって、骨とはまさに「神経の通っていない他人」そのものだ。この特性をうまく利用した錯覚が、すでに紹介した、エックスレイヘッドである。この錯覚では、およそ4人に3人程度の体験者が、実験者の手が半透明化した頭部表面をすり抜け、自分の頭蓋骨が実際に触られているという強烈な感覚を得ることになる。

この体験において、体験者は、頭部表面の皮膚への触覚を、（そのすぐ下にある）骨への触覚に読み替えているわけだが、この粗雑な読み替えが可能なのは、何よりも、僕たちが「骨が触られたらどんな感じがするか」に対して圧倒的に無知であるからだ。もし、骨に特有の触覚の質感に親しんでいたならば、「骨が触られている」という視覚的事実は端的に否定されることになるだろう。

骨であれ皮膚であれ、強烈な「からだの錯覚」を媒介するのは、いつだって身体の一部でありながら、中枢とつながることを拒絶し続けている未開の地である。「からだの錯覚」とは、そうした未開の地に対して一時的に神経を通す、外科手術のようなことをしていると思えばよいだろう。

ある種の「からだの錯覚」がとりかえしのつかない遊びへと肉薄してしまうのも、この観点から説明が可能だ。「未開の地」には、後戻りするべき準拠点がそもそも存在しない。裏を返せば、錯覚であれ何であれ、そこで最初に起こったことが、唯一無二の歴史的な準拠点（ビッグバン）としての価値を持ってしまうということだ。これこそが、「からだの錯覚」に特有の、ただならぬ不可逆性の感覚を基礎づけている。僕はそう考えている。

デッドライン

半地下の家族は、本来の出自を隠して豪邸の家族に取り入り、地上の風景を緩やかに変質させていった。僕にとって、映画『半地下の家族』の魅力は、彼らが、社会的弱者としての遠慮をきかせることなく、あるいは弱者に特有の強張りを表出することなく、ただただ「他人の空間」の中で、必要な手続きをテクニカルにサーフィンしていく、その外科医のような手捌きにあった。

彼らは、確かに出自を偽ってはいたが、ことさらに自分達を大きく見せようとしたわけではない。彼らは、豪邸の中で、背景を持たない匿名的な他人として、ただただ手続きとして、職業的な同期を積み重ねていったに過ぎない。

それでも最終的に、彼らは、豪邸の現実をおよそ考え得るなかで最悪なカタチへと変えてしまった。振り返ってみるに、悲劇の直前の二人の主人の間のやりとりには、引き続いて勃発する破滅へのあからさまな予感に満ちていたではないか。明らかに疲弊したギテクの声色からは匿名性が剥がれ、否応なく滲《にじ》み出る自意識が鏡面となって、両者を接続する共感性の神経回路を発炎させていた。ラバーファミリー錯覚の終焉である。

自らに固有の物語に足を取られることこそが、あらゆる人間喜劇の源泉である。映画を含むあらゆるフィクションが、この種の人間の限界を繰り返し描いてきたことを思えば、『半地下の家族』の予想外の結末もまた、極めて映画的なインシデントであったと言うべきだろう。
それはそれでよい。それでも、本書にとって関心があるのは、匿名的に地上に接続していた時代の半地下の家族のことであり、物語以前の人間のことだ。

――

半地下の住人とは、半ば地上に足をつっこみながら、地上からの監視が十分に行き届いていない、地上にとって半ば匿名的な属性の者たちだ。そして、僕の考えでは、善きにせよ悪しきにせよ、地上の風景を転調させることができるのは、そうした地上からの監視を逃れた匿名人たちの特権だ。

無論、この「地上」は「社会」と読み替えてもよい。
特定の社会秩序に奉仕して何らかの社会的な責任を担う地上の住人にせよ、社会不適合のラベルを貼られてセキュリティーからの集中的な監視下にある地下の住人にせよ、社会の中で判別可能な「顔」を背負わされた存在であることに変わりはない。僕たちが、常に自分の指先の位置を忘れることができないように、あるいは怪我をした部位への痛みに常に気を取られるように、彼らは社会がそのままの社会であることを全力で支え続けている。

社会が硬直化し、そのままではにっちもさっちもいかなくなったときこそ、半地下の住人の出番だ。四方八方で「こうであったかもしれない社会のカタチ」を社会に錯覚させることができれば、ある臨界点を超えたところで、心ある地上の住人たちは立ち上がり、自ずと社会は次なる変形に向けて始動するだろう。そんなわけで、僕やあなたが社会を愛している限り、半地下の住人に対する寛容さを手放してはならない。

ところで、半地下の住人であろうとする者は、社会的な責任を負うことに対してあくまで潔癖でなければならないのだろうか。僕はそう思わない。「半地下であること」のバリエーションは、住人の数だけあってよいし、そうあるべきだ。

昨年、『からだの錯覚』という単著を出して以降、僕の研究人生は、「からだの錯覚」

の専門家として収束していきそうな気配を見せていた。10年かけて積み上げてきた地道なプロジェクトがようやく社会的にも実を結びつつあることを喜べばよいのだろうが、それでも半地下の研究者としてはどうも居心地が悪い。いまいちど、「いったい何をしているかわからない研究者」へと、大きく舵を切ることにした。予定を超えて長々と書いてきた本書は、その最初の成果となるだろう。

自分の顔をまさぐる左手、誕生日、周囲でシャッターを切る他人、時計、カレンダー、耳をつまむ他人、皮膚、骨。これら本書の中の登場人物は、おしなべて、「自分」というシステムにおける半地下の住人たちだ。彼らは、それぞれに違ったかたちで、「自分」のフレームの外側から、「自分」の風景の中枢へとそれと知らずに介入し、ときに決定的な仕事を果たしていた。

例えば、「半自己」という概念を手に入れた今となっては、「誕生日の数字」にも新たなかたちで光を当てることができるだろう。それは、言うなれば、生誕時に背中の皮膚に刻まれた刺青《しみ》のようなものだ。見ることも触れることも感じることもできないそれは、かえって、当人の背中の広大な空間を――まるで不定形な痒みのように――自由に遊動することができる。

伏線を回収しつつあるところで、筆をおくにはいい頃合いだと思う。特別講義はこれにて一旦クローズとするが、本書で紹介したさまざまな事例が、いかなる意味で半自己的であるかは、読者への課題として残しておこう。提出先は特にない。

発展的な課題として、この「半自己」が将来的にどのような人間工学へと結実し、そうした未来が、人類に対してどのような驚きと悲劇を生むだろうか、人類学的な未来予測を考察できればなおよい。ただし、キーワードとして「半自己の自己化」「狩猟採集民／農耕民」「超感覚」というタームを使用すること。

告白すると、この発展課題は、僕自身がここ数日のあいだ、何としてでも書きすすめようとしていたものだった。ところが、やりかけていた小鷹版の未来予測は、――この著者は「人間工学」という分野に対して、よほど胡散臭さを感じているらしい――ネガティブな言葉ばかりが並べ立てられ、なかなか胸のすくような終着点を見出せられずにいた。

自らの文章の中に閉じ込められて圧迫死するところだった窮地を救ったのは、本書でもお馴染みの締め切りだ。

フリーシャッター課題で言えば、20秒間近。無理にでもシャッターを切って、自分の思考を切断することにした。おかげで無事に、苦しめられていた課題を読者に丸投げすることができた。この不自由な締め切りの、何と尊いことか。

本書は、言うなれば、自分の中に潜んでいる自分ならざる者たちに対する讃歌集であった。それはあたかも「会ったことのない同居人」であるかのような。最後に、まだ見ぬ彼らへの深い愛を告白したところで、もうチャイムが鳴っている。退出しなければならない。

長々と耳を傾けてくれてありがとう。

願わくば、まだ決まっていない次の講義で会えますように。

あとがき

人生で二度目の後書きをはじめようと思う。

思えば、前回の「あとがき」を書いたのは、昨年の3月のことだった。それから、真新しい原稿に着手したのは、6月頃だっただろうか。職業作家でもない僕が、それからおよそ1年をかけて地道に原稿を積み上げて、こうして無事に最後の工程にまで辿り着くことができたのは、ひとえに、僕のありあまる才能によるところが大きい。

というのは、もちろん冗談だと流してもらうとして、それでも僕に誇るべきところがあるとすれば、日々の業務の中で、僕が「書く」ことを何よりも最優先してきたことだ。最優先という言い方はちょっと違うかもしれない。端的に僕がやったことと言えば、1日、およそ3時間ほどの「書く時間」を何が何でも死守することだった。

はっきり言うが、今どきの大学の人間が、会社のようにふくれ上がる教務の中で、このような分量の本を書くだけの時間を確保することは、そもそもが至難の業だ。一体、いつから大学は会社のようになってしまったのか。それでも僕は、「書く」時間を捻出するために頑なに「わがまま」であり続けたし、僕が「わがまま」であり続けることができたのは、何といっても「書く」ことが、僕にとって変わらず至福の時間であり続けたからだ。

以前、いかにも頭の切れる僕の親友Ｋに「なぜ、もっと自分のテキストを世に発表しないのか」という不満をぶつけたことがある。彼は、頭の中に書くべきことが全て入っているから、わざわざ書く必要性を感じないのだ、と答えた。

その後、僕の最初の著作で、彼の言葉は呪いのようにのしかかってきた。なるほど、書き手にとって、前もって書くことがおおよそ決まっていることほど、おそろしいものはない。執筆が、転記という名の単なる労働となるばかりではない。同じ自説がくりかえし頭の中で再生されることで、自分のアイデアがどんどん退屈なメロディーへと書き換えられてしまうではないか。そして突如、スランプはやってくるのだ。

そんな窮地を救ったのは、「書く」ことを、あたかもブロック遊びのような、制作の現場として捉え直すことだった。

文が文として成立するギリギリの境界で、文字のブロックを不自由に組み換え続けること。そうして、未知の秩序が生まれる予感を捉えたならば、その予感の要請するがままに、全力でブロックを積み上げていく。そうして、もともとあったかもしれない結論へと、しかし、まるで正反対の経路を迂回して到達することができたときの愉悦といったら——。

要するに、僕は「書く」ことを、文字というオブジェクトと徹底的に戯れることによって、自分が「いかにも考えそうなこと」から少しでもはみだすための一種の手続きとみなすようになったのだ。本書を読み終えた読者であれば、ここで言っているオブジェクトなるものが、「半自己」の一つのバリエーションであることがわかるだろう。

本書では、この「書く」ことにまつわる態度を、さらに徹底している。

僕は、自分の手から生み出された思ってもみない文章に対して何度も驚嘆し、その都度、大きな方向転換を余儀なくされながら、「自分」の中に潜んでいた新たな水脈を次々と開拓していった。そんなわけで、今回の執筆に関しては、僕に退屈が訪れることはほとんどなかった。その都度、そこに書かれていることのほとんどは、そのタイムライン上でたったいま遭遇したことそのものだったのだから。

さて、読者は本書をどのように経験しただろうか。あるいは、丁寧な解説文のようなものを期待していた人からは、なかなかいい反応が得られないかもしれない。それでも、僕の文章からドライブ感のようなものを共有してもらえていたとすれば、僕としてはそれに勝る喜びはない。

この本は、編集の中山淳也さんの誘いから始まった。

最初の企画書に盛り込まれていた、「身体がますますわからなくなる（仮）」の文字列を見て、この依頼を引き受けなければ絶対に後悔する、という直感を得た。いつだって僕の直感は、だいたい正しい。

実のところ、2章以降、タイトルのことは全く頭から消えていた。終章を書き終えてすぐ、都内某所での打ち合わせの席で、あれやこれやとタイトルが決まらずに煮詰まりかけていたとき、最初の企画書のタイトルが、不意に中山さんの口から出されたのだった。体感としてはおよそ1年ぶりに聞いたそのタイトルを、まずはいったん慎重に頭の中で反芻し、それからすぐに「それにしましょう」と返した。

僕にとって、これに勝るタイトルはあり得ないだろう。僕自身が、執筆を通して、ま、すます自分がわからなくなることを経験していたのだから。仮に、これから自著を積み重ねていく幸運に恵まれたとして、この2作目が特別な意味を持ち続けることは、すでにして約束されている。まずは、そんな奇作の生みの親である中山さんに、圧倒的な感謝の意を伝えたい。

3章の内容は、最初のNHKとの打ち合わせで、僕が雑談としてスマホを使った実験の話をしたことがきっかけだ。この単なる雑談を強い好奇心で拾い上げてくれたのが礒田さんだった。今思えば、ここが最大の関門だったといえるだろう。その後、児玉先生、阿部先生、村上先生が参戦したことで一段と賑やかとなった集団フリーシャッター課題のプロジェクトは、最初の雑談からわずか2か月で、まるで前代未聞の生放送実験の実施へと漕ぎ着けたのだった。この間、ほぼ初顔合わせの4人の仕切りを行なってくれたのは、NHKの小谷さんだ。

この密かな歴史的偉業の戦史を、このようなかたちで公的に記録することができて本当によかったと思っている。この場を借りて関係各位に感謝の意を表する。

本執筆の間も、小鷹研究室は変わらず様々な展示に参加し、心理実験を行い、学会発表を行い、そして論文を発表し続けている。そのような現場の主力として活躍する現院生の名前をここでは挙げておこう。佐藤優太郎、高橋奈里、加賀美果歩の3人だ。みんな仲良くやっている。僕にとっては、このくらいのサイズ感がちょうどいい。

執筆やメディア対応で時間が奪われることによって、僕を信じてついてきてくれている学生が教育的な不利益を被ることだけは何としても避けなければならない、と思っていた。たしかに僕の空き時間は減っているが、不思議と週一のゼミは一段と濃密な時間となっている。僕が書いているときの方が、研究室もうまくいくはずだ（そう思ってもらえているとありがたい）。今も変わらずに、小鷹研の野蛮なグループを支え続けている彼らに、大きな「ありがとう」を伝えたい。

4章以降で取り上げられている『エックスレイヘッド』は、今井健人の修士制作の中で発表され、その研究を引き継いだ中山愛唯によって開頭された。『薬指のクーデター』は、佐藤優太郎の博士研究の中心テーマだ。『ブッダの耳錯覚』を発見する過程にも、佐藤くんと今井くんが深く関与している。言うまでもなく「からだの錯覚」は研究室としてのプロジェクトであり、これまでに関わってくれた全ての学生に感謝をしたい。

——

これで終わりにしようと思っていたけれど、最後にお礼を言わなければならない大勢の人たちが残っていることに気づいた。本書のような雑多な構成は、10年にわたる大学の授業というルーティンがなければ、まちがいなく存在し得なかった。誕生日のアンケートも、集団フリーシャッター課題も、もともとは僕の授業のなかで、ある種の「企画」として立ち上げられたものなのだから。

授業中の学生の退屈を察知する感受性に関して言えば、僕はかなりいい線をいっているという自負がある。その分、授業で空振りしてしまったときのショックも大きいわけだが、それにしても、かつて年に数回あった授業の失敗が、最近ではめったに起きなくなったように思う。それもそのはずだ。現在、僕の授業の中で扱っているトピックは、長年にわたる学生の厳しい査定を経た、「とびきりおもしろい話」ばかりなのだから。

本文にも書いたが、授業という大学業務のおかげで、僕は勇気を持って、自分の専門から大きくはみだす蛮行に挑みつづけることができた。僕の突拍子もない講話を、真正面から受け止め続けてくれた数百の学生たちに、心からありがとうと言いたい。

そんなところで。みんな、ありがとう。
また次の機会で会いましょう。

小鷹研理 Kodaka Kenri

名古屋市立大学芸術工学研究科准教授。工学博士。2003年京都大学総合人間学部卒業。京都大学大学院情報学研究科、IAMAS、早稲田大学WABOT-HOUSE研究所を経て、2012年より現職。認知科学会より野島久雄賞（2019年）、Best Extended Reality（XR）Content Award（SIGGRAPH Asia 2022）、世界錯覚コンテスト４年連続入賞（2019-2023）など多数受賞。著書に『からだの錯覚　脳と感覚が作り出す不思議な世界』（講談社ブルーバックス）。

身体《からだ》がますますわからなくなる

2024年７月31日　第１刷発行

著者　小鷹研理《こだかけんり》

発行者　佐藤 靖

発行所　大和《だいわ》書房

東京都文京区関口1-33-4

電話　03-3203-4511

ブックデザイン　二ノ宮 匡（nixinc）

装画　北村 人

イラスト　コダカマキコ（moboneri）

校正　ツタヤノブコ

編集　中山淳也

本文印刷　信毎書籍印刷

カバー印刷　歩プロセス

製本　小泉製本

ISBN978-4-479-39434-1

https://www.daiwashobo.co.jp